L'État déballe tout !

Bosse Ndoye

L'État déballe tout !

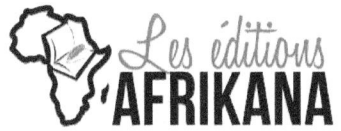

Dépôt légal – 3ᵉ trimestre 2018

Direction générale du patrimoine publié.
Bibliothèque et Archives Canada / Gouvernement du Canada
Bibliothèque et Archives nationales du Québec, 2018.

© Éditions AFRIKANA, 2018
Montréal, Québec
CANADA

Toute reproduction, en tout ou en partie, sous quelque forme et par quelque procédé que ce soit, est interdite sans l'autorisation écrite préalable de l'éditeur.

ISBN : 978-2-924928-02-8

REMERCIEMENTS

Je tiens à remercier du fond du cœur les amis suivants pour la lecture attentive de mes manuscrits et les conseils avisés qu'ils ne cessent de me prodiguer : Moustapha Mbengue, Khadim Ndiaye, Adama Gaye, Amadou Ba, Ndongo Samba Sylla.

Je dédie ce livre à ma princesse Aby Mariama et à l'ensemble de ma famille.

Mais, feindre d'ignorer ce qu'on sait, de savoir tout ce qu'on ignore ; d'entendre ce qu'on ne comprend pas, de ne point ouïr ce qu'on entend ; surtout de pouvoir au-delà de ses forces ; avoir souvent pour grand secret de cacher qu'il n'y en a point (…) ; paraître profond quand on n'est, comme on dit, que vide et creux ; jouer bien ou mal un personnage, répandre des espions et pensionner des traîtres ; amollir des cachets, intercepter des lettres, et tâcher d'ennoblir la pauvreté des moyens par l'importance des objets : voilà toute la politique, ou je meurs.

Beaumarchais
Le mariage de Figaro (ACTE III, Scène 5).

PREMIÈRE PARTIE

Après plusieurs années de souffrance, l'État prit finalement la décision de se rendre à une clinique pour se faire ausculter et éventuellement se soigner. Bien qu'ayant l'air en bonne santé, au tréfonds de son être il se savait très malade. Aussi alla-t-il d'abord consulter plusieurs "marabouts" et féticheurs réputés détenir de redoutables pouvoirs surnaturels. Car dans sa société c'est un réflexe bien ancré d'aller en première instance voir les "faiseurs de miracles", avant de se tourner en dernier ressort vers les médecins, s'il n'y a pas d'amélioration dans sa situation sanitaire.

Jugeant imprudent de se soigner dans une clinique de son pays, il choisit de partir en France discrètement, prétextant une visite urgente parce qu'il ne voulait pas trop s'épancher sur le malaise qui l'accablait. Or, contrairement aux différents "faiseurs de miracles" qui s'étaient juste limités à interroger des êtres invisibles pour connaître ce dont il souffrait, il savait très bien qu'une fois devant un médecin il serait obligé de répondre à ses différentes questions afin de l'aider à cerner son mal. D'où, selon lui, la nécessité de s'éloigner de son territoire, voire de son continent.

Pour éviter d'éveiller tout soupçon, même au sein de son entourage proche, il attendit la veille de son départ au soir pour annoncer la nouvelle à sa femme. Quand celle-ci lui eut demandé la raison de son voyage - après lui avoir manifesté son mécontentent, car ayant été mise au courant à la dernière minute - il lui répondit que c'était un moment plus tôt qu'il avait su qu'il devait partir. Car, depuis longtemps, il attendait un important coup de fil du président français, et ce dernier venait juste de l'appeler pour lui demander de le rejoindre le plus rapidement possible le lendemain pour tirer au clair certains dossiers urgents très sensibles qu'ils devaient régler en toute discrétion lors d'un ou de plusieurs tête-à-tête, loin des circuits protocolaires. Bien qu'elle fût totalement consciente de la subordination, voire de la soumission inexpliquée et inexplicable de son mari au président français, elle resta tout de même quelque peu dubitative quant à la raison bien fondée de son voyage. Elle se dit alors que c'était certainement pour une énième escapade. Le connaissant très bien – lui qui l'appelait flatteusement ma Reine de Saba – elle savait qu'il était un véritable homme à femmes, un baratineur à la drague facile. Elle était dès lors si résignée à vivre avec ses infidélités qu'elle en était immunisée au fil des années. Pour autant, cela lui faisait mal de savoir qu'il disposait de beaucoup de maîtresses à l'intérieur comme à l'extérieur du pays et d'entendre certaines mauvaises langues dire qu'il était le père de quelques enfants dont il avait officiellement refusé la paternité, mais versait officieusement des allocations à leurs mamans par le biais de ses hommes de confiance. Mais pour mener une vie tranquille, la Reine de Saba avait dû se forger une carapace afin de mieux faire face aux incartades de son coureur de jupons de mari. Par conséquent, tout ce qui comptait à ses yeux c'étaient ses enfants et le titre grandiloquent de femme de l'État qu'elle seule portait, tantôt comme une couronne tantôt comme un fardeau.

L'État laissa de côté l'avion à sa disposition. À la place, il prit un vol régulier et quitta le pays incognito. Le voyage se passa très discrètement et dans de très bonnes conditions en première classe.

À son arrivée en France, il alla se reposer dans un hôtel cinq étoiles situé non loin de l'avenue des Champs-Élysées. Deux jours plus tard, il se rendit à la clinique du Bien-Être se trouvant dans un quartier très huppé de la proche banlieue parisienne. La clinique était belle et très imposante. Construite sur dix étages, elle était érigée à la jonction d'un boulevard et d'une avenue. Ce qui lui conférait une belle vue. Entouré d'une haute et épaisse grille métallique noire décorée de feuilles dorées, le bâtiment principal, tout peint en blanc, était séparé de celle-ci par un large espace gazonné. Grâce à l'excellente qualité des soins qui y étaient dispensés, le Bien-Être avait une très bonne réputation tant au niveau national qu'international. Il n'était tout de même fréquenté que par une clientèle très aisée

Le jour du rendez-vous, le médecin qui devait ausculter l'État lui fit passer une batterie de tests après qu'il eut rempli certaines formalités administratives. Puis il lui demanda de repasser le surlendemain – qui devait être un jeudi - vers quinze heures pour en connaître les résultats.

Ce jour-là, l'État sortit de l'hôtel vers 9 h du matin. Il avait envisagé, avant de se rendre à son rendez-vous, d'aller à différents magasins chics dans Paris afin de s'approvisionner entre autres en vestes et en chaussures, et surtout pour acheter à sa femme les bijoux et les bracelets en diamant et une robe Dior qu'elle lui avait demandés. En effet, l'État profitait souvent de ses multiples déplacements à l'étranger pour renouveler sa garde-robe et acheter de nombreux cadeaux à son entourage proche. En bon mondain, il croquait la vie à pleines dents. Dès lors il tenait d'autant plus à parfaire son apparence physique et vestimentaire que sa grande expérience et ses différents voyages à travers le monde lui avaient donné la certitude que ce n'était pas seulement dans son pays que l'habit faisait le moine.

Ayant l'habitude de se déplacer en véhicule dans la capitale française, il préféra partir tôt à son rendez-vous, qui lui tenait à cœur, de peur d'être coincé dans un embouteillage inopiné pouvant l'empêcher d'être à l'heure. Tout au long de son trajet, sa conscience n'était pas tranquille parce qu'il craignait qu'on lui annonçât une maladie grave dont il ne se remettrait plus jamais. Une fois devant la clinique, il jeta un coup à sa montre et vit qu'il disposait encore d'une heure. Il fit alors un petit tour avant de trouver une place de stationnement de l'autre côté de la rue, en face de la porte d'entrée principale. Il choisit d'attendre dans la voiture. Pour passer le temps, il sortit son téléphone, vérifia quelques informations sur les sites web qu'il visitait de temps à autre avant de s'adonner à des jeux qu'il aimait bien. À l'heure exacte du rendez-vous, la secrétaire l'introduisit dans le bureau du médecin, qui se trouvait au rez-de-chaussée. Très spacieux, celui-ci dégageait une odeur agréable qui ne manquait pas de titiller les narines des visiteurs. À son milieu se trouvait une jolie table noire oblongue en verre à l'extrémité droite de laquelle – si l'on avait le dos tourné à la porte d'entrée - il y avait un grand ordinateur Apple qui flirtait avec une pile de documents très bien rangés. La chaise du médecin, que surplombait une petite bibliothèque noire bien fournie, était assortie avec la couleur blanche des murs où étaient accrochées de jolies photos en cadre montrant différentes parties du corps humain. Une civière, un porte-manteau, une petite machine à café et quelques matériels de médecine moderne neufs étaient accolés au mur se trouvant du côté gauche du médecin lorsqu'il était assis sur sa chaise, à sept mètres environ d'une porte-fenêtre donnant sur un balcon. Un petit local jouxtant des toilettes discrètes sur la porte desquelles étaient dessinées les icônes d'un homme et d'une femme était dissimulé derrière une sorte de rideau transparent qui divisait ce grand espace en deux parties inégales.

À peine l'État avait-il franchi le seuil de la porte du bureau que le médecin se leva de son siège et alla à sa rencontre avec un petit sourire, qui laissa entrevoir ses belles dents blanches. Elles étaient si bien alignées qu'on eût pensé qu'elles avaient été nivelées avec une lime. Il l'invita à s'installer sur l'une des deux chaises se trouvant de l'autre côté de la table en face de la sienne, après lui avoir chaleureusement serré la main. Il était amène. Les traits fins, le nez aquilin, les cheveux longs auburn, il était aussi glabre nonobstant ses quarante-cinq printemps. Sa minceur le faisait paraître plus grand qu'il ne l'était en réalité. Toujours souriant en accueillant ses patients, il ne dérogea ce jour-là pas à cette règle qu'il s'était imposée depuis qu'il avait commencé à exercer ses fonctions de médecin quinze ans plus tôt.

Ils échangèrent quelques mots dans la bonne humeur. Après un moment silence qui dura quelques secondes, le médecin se racla la gorge, éplucha la pile de papiers sur sa table puis s'attaqua au sujet à brûle-pourpoint :

— Vous pouvez avoir l'esprit tranquille : les différentes analyses n'ont rien révélé d'anormal. Donc, à part l'hypertension artérielle, vous vous portez à merveille.

— C'est rassurant et soulageant, dit l'État avec un sourire, avant d'ajouter : « Mais j'ai quelquefois mal au corps et intérieurement je souffre. C'est surtout ce mal intérieur qui me tracasse depuis un bon moment. »

— Je vois. Mais, pour l'hypertension, je vous ai prescrit des médicaments très efficaces. Quant à votre mal intérieur je ne puis vous dire ce dont il s'agit puisque je ne suis pas psychologue. Toutefois, pour avoir si souvent échangé avec mes différents patients ici et chez moi, dans ma clinique personnelle, depuis que j'ai commencé à exercer ce métier, j'ai appris beaucoup de choses sur les gens en général. Par conséquent, si vous voulez en discuter avec moi, je suis prêt à vous aider. Si j'en suis incapable, il me sera possible de vous référer à un spécialiste.

— C'est parfait ! Qu'est-ce que vous aimeriez savoir ?

— Dites-moi brièvement sur vous tout ce qui pourrait m'être utile pour vous aider. Par exemple, votre vie en général, vos activités…

— Je suis d'autant plus prêt à tout vous dire que j'éprouve un besoin harcelant de me confier, voire de me confesser. Car les nombreux secrets que j'ai enfouis au tréfonds de mon être depuis des années commencent à remonter à la surface de ma conscience. Ce qui trouble mon esprit depuis quelque temps. Cependant, avant de vous dire quoi que ce soit, j'aimerais avoir de votre part des garanties de confidentialité.

Sur ces mots, il y eut un court moment de silence au bout duquel l'État reprit la parole :

— En fait...Ne le prenez surtout pas mal, mais j'aimerais que ce nous allons nous dire reste entre nous.

Après l'avoir écouté attentivement, le médecin se leva, fit quelques pas dans le bureau, joua avec le stylo qu'il avait entre les mains tout en esquissant un sourire avant de s'asseoir. Loin d'être vexé, il prit plusieurs secondes avant de répondre à son patient qui ne le quittait pas du regard :

— À quoi me servent alors le serment d'Hippocrate que j'ai prêté avant de devenir médecin et le secret médical auquel je suis astreint ? Sans mentionner le code de déontologie que j'essaie, autant que faire se peut, de respecter tous les jours dans le cadre de mon travail. De plus, j'aime ce métier. Par conséquent je l'exerce très scrupuleusement.

Ces mots décontenancèrent l'État un tantinet. Mais, réputé monstre froid et très fort dans l'art de la dissimulation, il ne laissa rien transparaître sur son visage, qui puisse trahir ses émotions. Au contraire, il se força même d'ébaucher un petit sourire.

— Excusez-moi, si je vous ai vexé. Mais sachez que ce n'était guère mon intention. C'est juste parce que j'évolue dans un milieu où j'ai connu et vu un si grand nombre de coups bas, de trahisons et de chantages que je n'ai plus confiance en personne. De plus, moi aussi j'ai prêté serment avant de commencer à exercer mes fonctions. Mais, comme on dit dans notre milieu, nos serments n'engagent que ceux qui y croient. D'autant que la pratique de la palinodie fait partie de nos sports favoris, finalisa-t-il avec un rire sardonique.

— Vous devez exercer de sacrées fonctions alors. C'est quoi si ce n'est pas très indiscret ?

— Je suis un État. Je suis au pouvoir dans mon pays. Je gère les affaires de ma cité.

— Mais ce n'est pas ce que j'ai vu sur vos papiers qui m'ont été présentés par la secrétaire.

— Puisque tout va rester entre nous, et je l'espère bien, je vais vous faire quelques révélations et confidences. Dans l'exercice de mes fonctions, j'ai appris à ne laisser nulle part de traces, à savoir prêcher le faux pour savoir le vrai, à changer constamment d'avis, voire à manger souvent mon chapeau, à donner peu pour avoir beaucoup, à gagner la confiance des autres même si je ne paie pas de mine. Ce n'est dès lors pas étonnant que je me sois fait faire des papiers en venant ici pour passer incognito en plus de m'être déguisé.

— Waouh, quelles fonctions ! Mais sachez qu'elles sont loin de ressembler à la mienne. Moi je soigne des corps et répare des âmes. Et pour ce faire, la confiance mutuelle et la sincérité sont mes meilleures alliées.

L'État rit jaune mais dissimula le soupçon de désarroi que cette remarque suscita en lui.

— Vous êtes à la tête de combien de personnes environ ? continua le médecin

— Plusieurs millions.

— Comment se passent vos relations ?

— Tendues, difficiles, voire très compliquées. Mais la plupart des fautes proviennent souvent de moi : je leur recommande de respecter des règles que je me permets ouvertement de transgresser de temps à autre ; je trahis fréquemment les promesses que je leur fais, sauf généralement en période électorale. Et, sur le plan économique et judiciaire, je favorise mes partisans sur les groupes qui me sont hostiles. Du coup, nos relations ne peuvent pas être faciles.

— Eh bien ! Vous devez être courageux et insensible pour diriger votre pays alors.

— Courageux, oui. Insensible, très souvent. Car trop de sensibilité peut mener à ma perte. Je l'ai appris très tôt à mes dépens pendant mes premières années de fonction. Par conséquent, je suis maintenant mithridatisé. Pour autant, vu que je dois gagner des sympathies et apaiser des colères, il faut que je me montre très agréable. Ce qui me pousse souvent à afficher publiquement un large sourire, même quand je bouillonne de colère intérieurement, à faire semblant de m'intéresser à certaines choses qui, en réalité, me dégoûtent ou à en dire d'autres sans trop y croire. Le comble du paradoxe est que je dois quelquefois prendre des décisions chèvrechoutistes pour ne pas perdre la face devant mes partisans tout en évitant de m'attirer les foudres de mes opposants, de la population en général et de l'opinion internationale. Il faut vraiment avoir des talents d'équilibriste pour pouvoir exercer cette fonction.

— Décidément ! Vous menez une double vie alors.

— Plus qu'une double vie. Disons que j'ai plusieurs masques, et que je choisis celui que je dois porter au gré des circonstances et des situations.

— Mais est-ce que les gens que vous dirigez sont conscients que vous existez grâce à eux, que ce sont eux qui vous ont donné le pouvoir, que c'est avec leur argent que vous êtes payé ?

— Nombre d'entre eux n'en sont pas encore très conscients, et je fais tout pour qu'ils demeurent dans cette inconscience et dans l'insouciance. Ma stratégie consiste souvent à détourner leur attention des choses essentielles. Surtout pendant les grandes vacances scolaires. Vu qu'il y a beaucoup de jeunes dans mon pays, et que je ne veux pas les laisser oisifs pendant cette période-là, je dépense d'importantes sommes d'argent dans le divertissement pour les occuper. De plus, j'ai beaucoup fait pour avoir de mon côté une bonne partie de la population qui est prête à tout, absolument tout pour me défendre contre l'autre partie qui m'est hostile.

— Mais est-ce qu'il existe une opposition dans le pays ?

— Absolument ! Il y a même plusieurs partis d'opposition. Mais puisque je ne peux pas museler leurs leaders, encore moins les éliminer, parce que nous sommes en « démocratie », j'adopte différentes stratégies pour les réduire à leur plus simple expression. Ce qui est d'autant plus facile à faire pour moi qu'ils ne disposent pas de véritables moyens financiers. En outre, j'essaie surtout de les réduire au silence en les faisant chanter grâce aux dossiers compromettants que je détiens sur certains d'entre eux. En effet, j'ai accès à presque toutes les informations les concernant. Je sème aussi la zizanie entre eux et essaie souvent de les faire tomber dans les pièges que je ne cesse de leur tendre afin de les discréditer auprès de la population. Il m'arrive aussi de mettre la main à la poche afin de rallier quelques-uns d'entre eux à mon parti. Dans mon pays, nombre d'opposants ont un prix. Bref, toutes les stratégies sont utilisées pour les affaiblir.

— Eh bien…Mais pendant ce temps que font dans le pays les clercs, pour reprendre le mot de Julien Benda ? C'est-à-dire ces personnes qui, de par leur influence et leur éminence, sont censées mener une lutte désintéressée pour que prévalent les valeurs nobles et éternelles telles que la liberté, la vérité, la justice et j'en passe ?

— Si par clercs vous entendez intellectuels, y compris journalistes, écrivains, autorités morales, etc., il y en a quelques-uns qui s'opposent farouchement à mon régime et le font savoir. Mais heureusement pour moi leurs voix sont presque inaudibles. Car j'ai la bénédiction de plusieurs « autorités religieuses » respectées dans le pays qui sont prêtes à prêcher pour ma paroisse. Non que je sois intéressé par la religion, tant s'en faut. Mais juste pour avoir de mon côté leurs multiples disciples qui sont prêts à leur obéir au doigt et à l'œil. Je bénéficie aussi du soutien indéfectible de plusieurs journalistes, de quelques détenteurs de médias influents et de nombre d'intellectuels exerçant dans divers autres domaines. Et, ce sont souvent ces journalistes qui répondent à ceux qui me vitupèrent dans les journaux et à la télévision. Du coup, je me trouve quelque peu dans une forteresse imprenable.

— Ça alors ! Vous êtes loin d'être un enfant de chœur. Au contraire, vous êtes une main de fer dans un gant de velours. Pourtant avec votre doux visage, je vous aurais bien donné le Bon Dieu sans confession.

— Malheureusement, c'est ça la politique chez nous, et je présume que cela ne doit pas être très différent dans beaucoup d'autres pays. Si je ne donne pas de coups pour affaiblir l'opposition, je risquerais d'en recevoir... Et vu que c'est moi qui tiens présentement les rênes du pouvoir, et que j'ai beaucoup de personnes influentes de mon côté, il faut que je tape le premier pour me préserver. Ah oui ! Comme dit l'adage, la meilleure défense c'est l'attaque.

— Non, je suis désolé ! Mais ce n'est pas du tout cela la politique. Dites plutôt que c'est celle qui a été dévoyée de sa trajectoire originelle et vidée de sa substance, car au sens premier du terme, la politique est une activité très noble. Plus noble que ce que vous me racontez en tout cas.

Il y eut un moment de silence. Au bout de quelques secondes, le médecin reprit la discussion.

— Mais votre population n'en a-t-elle pas assez de votre régime pour se débarrasser de vous lors d'élections présidentielles ?

— Encore faudrait-il qu'elle soit consciente de certaines choses, répondit l'État, le sourire aux lèvres, avant d'ajouter : « Pour les élections présidentielles, j'ai toujours une longueur d'avance sur mes nombreux adversaires. Outre le fait de disposer de plus de moyens financiers qu'eux, tous réunis, c'est moi qui gère la distribution des cartes d'électeurs que je fais moi-même confectionner. De plus, c'est mon Ministère de l'intérieur qui organise les élections. Du coup, je possède une grande latitude pour intervenir en ma faveur, à l'abri des regards indiscrets. Du reste, comme le disait Staline : « *Ce n'est pas le vote qui compte, c'est comment on compte les votes* ». Quoique cette stratégie tende à ne plus faire florès, tant à cause du développement des technologies qu'aux nombreux observateurs internationaux, elle continue à être de rigueur chez nous.

— Donc, il y a des observateurs internationaux qui viennent chez vous pour superviser les élections présidentielles ?

— Oui, malheureusement. Ce que je trouve très humiliant parce que non seulement on bafoue notre souveraineté, mais on doute encore de notre capacité à être de véritables démocrates.

— Même si vous trouvez cela humiliant, comme moi d'ailleurs, si personne n'intervenait, vous risqueriez de passer le restant de votre vie au pouvoir vu que vous dominez votre peuple.

— Euh…C'est vrai, même si ce n'est pas plaisant à entendre. Mais dominer c'est quand même trop fort. Trouvez un autre verbe.

— On ne va pas se quereller pour une question de sémantique, dit le médecin en souriant.

— Loin de là, nous ne sommes juste pas d'accord sur l'emploi du terme approprié, dit son patient en lui retournant le sourire.

Il y eut un autre moment de silence.

— Si je comprends bien votre position alors, et surtout d'après ce que nous nous sommes dit jusque-là, toutes les stratégies semblent bonnes pour manipuler et endormir votre peuple afin de vous maintenir encore plus longtemps au pouvoir. Laissons cette fois-ci le verbe « dominer » de côté puisque vous ne l'aimez pas, reprit le médecin avec un petit sourire.

— Je dirais plutôt que toutes les stratégies ayant donné des résultats probants sont bonnes. Le pragmatisme fait partie des qualités à avoir quand on veut gérer les affaires d'un pays.

— De toutes celles que vous avez utilisées, laquelle ou lesquelles préférez-vous le plus ?

— Il y en a beaucoup que j'affectionne, mais sans hésitation aucune, je vais vous dire en premier lieu que c'est la diversion, affirma promptement l'État.

— Pourriez-vous me donner un cas de diversion que vous jugez avoir réussie ?

— C'est un cas machiavélique, qui me cause encore des problèmes de conscience. Mais cela fait aussi partie de la vie d'un État. Quand on est très sensible on ne peut pas rester très longtemps au pouvoir. Il y a quelques années, un de mes ministres, qui plus est un cousin germain, était englué dans plusieurs affaires de malversation et de détournement de deniers publics dans lesquelles j'étais moi-même indirectement impliqué. Alors que le procureur de la République en charge des dossiers brûlants était sur le point de conclure l'enquête avec des preuves irréfutables de la culpabilité de mon cousin en sa possession, certains parmi mes hommes le contraignirent à démissionner sous les coups de menaces constantes sur sa personne et sa famille. Après son départ, l'enquête fut confiée à un de mes fidèles de la première heure. Celui-ci rangea les dossiers aux oubliettes et fit même détruire plusieurs preuves. Mais ces décisions, que nombre de mes concitoyens trouvaient iniques, avaient du mal à passer auprès de l'opinion publique. Par conséquent, il y eut beaucoup de gens qui descendirent dans les rues. Ils avaient même projeté d'organiser des marches quotidiennes jusqu'à ce que le limogeage du procureur et la nomination de son remplaçant fussent tirés au clair, car, dirent-ils, l'inculpation du ministre devait mener directement à moi. Ce qui n'était pas faux. Ces événements avaient créé un climat social tendu et délétère dans le pays. Ils occupaient plus d'une conversation et faisaient la une des journaux pendant des jours. C'était l'une des rares fois où j'ai été vraiment inquiété par la rue à cause de la forte pression sociale qui y grandissait de jour en jour. Ce fut pendant ces moments difficiles que l'un de mes conseillers me suggéra de créer un autre événement plus préoccupant pour la population afin de détourner son attention qui était braquée sur moi et mon entourage proche. Aussi me proposa-t-il d'organiser un attentat dont il me détailla le déroulement avec minutie. J'acceptai. Pour me convaincre, il me servit comme arguments que les attentats ont souvent le pouvoir de créer un sentiment d'unité nationale, de resserrer les liens d'un peuple, et même de réunir des factions rivales autour d'une idée et d'un même combat ; et partant de les pousser à mettre de côté toutes leurs divergences et hostilités, fût-ce temporairement. Il n'avait pas tort. Vous savez, les populations oublient vite en général, et elles sont si éprises de sécurité absolue que - la situation globale tendue créée par le terrorisme international aidant - on peut les faire gober presque tout et n'importe quoi quand il s'agit d'attentat sans qu'elles prennent le temps de pousser leur questionnement très loin. D'autant que les grands drames qui surviennent dans un pays sont souvent suivis de moments d'émotivité pendant lesquels la raison semble être en berne. De plus, avec les moyens de propagande et de communication sophistiqués dont les pouvoirs disposent de nos jours, il n'est pas très difficile de manipuler une population. Cela dit, dans notre cas le *modus operandi* de l'attentat consistait à faire exploser tard dans la nuit un grand bâtiment public qu'on venait juste de construire dans le centre-ville, au niveau du quartier administratif. On avait choisi la nuit afin d'éviter de causer de très nombreux dégâts matériels et surtout des morts. Nous avions même pensé à dégager un périmètre de sécurité autour du bâtiment pour que les citoyens ne s'en approchent pas. Mais cela aurait décrédibilisé la thèse de l'attaque inattendue et imprévisible. Bien que nous eussions pris toutes les précautions nécessaires pour limiter les dégâts, il y eut tout de même des dommages collatéraux : des vitres des bâtiments proches ont été soufflées, des voitures détruites, etc. Les plus déplorables étaient la mort de quatre passants : deux de mes concitoyens et deux touristes occidentaux dont je préfère taire la nationalité. Par conséquent nous avions dû mettre la main à la poche pour dédommager fortement ceux qui ont subi des pertes matérielles et surtout les familles éplorées. Quelques heures après l'explosion, un groupe, se trouvant dans un pays étranger, avec qui on avait passé un marché solide avait clamé la responsabilité de l'attaque. Nous avions pu entrer en contact avec lui grâce à mon ambassadeur qui vivait depuis plusieurs années dans le même pays. Il y avait tissé des liens très solides avec certaines personnes influentes qui lui avaient présenté quelques-uns des membres de ce groupe avec qui ils entretenaient de très bons rapports. Et, vu qu'il fallait donner la ou les raisons ayant motivé l'attentat, comme il est maintenant de

L'État déballe tout !

coutume, nous avions fourni au groupe un message qu'il devait lire après sa perpétration. Il reprochait à notre pays entre autres le fait d'avoir été membre d'une coalition internationale qui s'était prise à lui par le passé et surtout le fait d'avoir signé des contrats juteux pour l'exploitation du pétrole sur notre territoire avec un pays qui était son ennemi juré. On aurait pu trouver d'autres personnes au niveau national pour clamer la responsabilité des attentats puisque nous disposons d'hommes-liges prêts à mourir pour le parti. Il eût fallu pour ce faire juste trouver le bon décor et le bon accoutrement. Mais nous avions jugé que ce n'était pas très prudent. Ce ne sont pas les pseudos-groupes terroristes ou les bandits de grands chemins qui manquent. Il faut juste savoir mettre la main à la poche. Le lendemain de l'attentat il y avait des drapeaux en berne devant les principaux bâtiments administratifs et des cérémonies rendant hommage aux victimes furent organisées à plusieurs endroits du pays. J'ai profité de ce climat de désolation nationale et de tristesse pour adresser un discours mémorable à la nation. Le discours était retransmis en direct par toutes les grandes chaînes de télévision du pays et par les principales radios. J'avais entre autres insisté sur la nécessité de nous rassembler pour mieux lutter et faire face à cet ennemi extérieur qui nous voulait du mal en s'attaquant à notre pays. Pendant les jours qui suivirent l'attentat on ne parlait que de lui dans les médias. Il alimentait d'autant plus les discussions et faisait la une de nombreux journaux que le soi-disant groupe terroriste nous avait promis d'autres attaques, encore plus meurtrières. Le temps, la naïveté des masses et l'émotivité aidant, c'est comme cela qu'on avait laissé de côté les problèmes judiciaires qui avaient défrayé la chronique quelques jours plus tôt. Vous savez, nous vivons dans un monde où les informations circulent à la vitesse de la lumière ; où les faits saillants ayant marqué l'actualité un jour sont souvent remplacés dès le lendemain par d'autres, plus tendus et plus sensationnels. Il y avait toutefois une bande de jeunes activistes que j'appelle les têtes brulées. Ces jeunes semblaient soupçonner quelque chose. Mais quand ils ont commencé à soulever certaines failles au niveau des services de sécurité et à pousser les populations à s'interroger davantage sur la nature de l'attentat et l'endroit et l'heure à laquelle il était survenu, j'ai rapidement demandé à quelques-uns de mes hommes de monter au créneau. Ces derniers ont dès lors entrepris une campagne de diffamation et de propagande contre eux en se servant des plus grands médias du pays. Ils les ont taxés de lâches, d'antipatriotes et sont même allés jusqu'à se demander s'ils n'étaient pas de connivence avec les terroristes. C'est la technique du contre-feu. Elle marche souvent quand on sait bien s'en servir dans de telles circonstances. Vous savez, de nos jours les relations publiques sont devenues une industrie et les sentiments humains des produits. Et comme tout produit, la haine, la peur, l'obéissance, de même que le consentement d'un peuple peuvent être « fabriqués » quand celui-ci montre quelques réticences. Cela me fait penser d'ailleurs à Noam Chomsky pour qui « fabriquer le consentement », permet d'obtenir l'adhésion de la population à des mesures dont elle ne veut pas, grâce à l'application des nouvelles techniques de propagande[1]. Il faut juste pour ce faire savoir exploiter les médias, bien manier la novlangue et surtout mettre l'accent sur les sentiments plutôt que la raison. Car, les populations, dans leur grande majorité, sont facilement manipulables. Elles ressemblent souvent à de grands enfants qui ont besoin qu'on leur prenne la main pour être guidés. C'est pourquoi Walter Lippmann, un grand journaliste et penseur politique américain, les appelle le « troupeau dérouté [2] ». Cela dit, à l'usure ces jeunes avaient été réduits au silence, leur mouvement s'étant effiloché comme un vieux tissu. La population avait même commencé à se retourner contre eux. Notre campagne de diabolisation avait bien marché. Mais je me dis toujours que cet attentat pourra me revenir un jour ou l'autre comme un boomerang. Donc, j'y pense régulièrement et cela qui me cause beaucoup de troubles intérieurs.

La désinvolture, voire le malin plaisir que l'État prenait à raconter cette histoire étonnait, sinon déboussolait le médecin, tant il la considérait très grave. Par conséquent, bouche bée, il ne l'avait pas quitté du regard depuis qu'il avait commencé à parler de cet événement. Étonné, il lui posa aussitôt une question :

— Vous avez osé faire cela dans votre pays et à votre propre peuple ?

— Absolument ! Vous savez, il y a une certaine logique de gestion du pouvoir, qui peut être différente de la logique morale dans la vie de tous les jours. Je ne suis pas très fier de cet acte. Bien au contraire, j'en suis

---

[1] Noam Chomsky et Robert W. McChesney, *Propagande, médias et démocratie*, ÉCOSOCIÉTÉ,, Montréal, 2001, p. 21.
[2] *Ibid.*

profondément affecté et j'en souffre même depuis un certain moment. Mais c'est cela aussi diriger un pays.
— Non, je suis désolé. Dites juste que c'est votre manière à vous, mais cela ne fait aucunement partie des méthodes pour diriger un pays.
— Tous ceux qui sont au pouvoir, dans presque tous les pays du monde, ont les mains plongées dans le cambouis. Ils ont tous les mains sales pour reprendre l'expression de Sartre. Ce sont tout simplement les degrés de saleté qui diffèrent d'un territoire à un autre. C'est cela la triste réalité.
Après cette phrase, il y eut un silence. Ébahi, le médecin avait la main posée sur son menton comme pour marquer sa surprise. Et l'État de rompre le silence qui devenait lourd :
— Est-ce que je peux fumer une clope ?
Après un moment d'hésitation, le médecin lui répondit :
— Oui. D'habitude, je ne donne à personne l'autorisation de fumer ici, mais vous pouvez vous rendre là-bas, dit-il, en pointant du doigt le balcon.
L'État se leva, tata la poche droite de sa veste et en sortit un paquet de Marlboro avec un petit joli briquet doré. Ce faisant, il mit son manteau qu'il avait enlevé et accroché au porte-manteau à son arrivée et s'en alla au balcon d'un pas posé et régulier après avoir ouvert et fermé derrière lui la porte-fenêtre. Il faisait froid dehors. Cinq minutes s'étaient écoulées lorsqu'il rejoignit sa place. À peine s'était-il rassis que le médecin enchaîna avec une nouvelle question.
— Dites-moi, quelles autres techniques de manipulation ou de « gestion » ayant donné de « bons

résultats » avez-vous utilisées dans l'exercice de vos fonctions ? Le médecin voulait en savoir de plus en plus. Les révélations faites jusque-là par son interlocuteur commençaient à susciter en lui une certaine curiosité le poussant à vouloir en connaître davantage, quoiqu'il ne fût pas dupe du comportement de certains dirigeants dans la conduite des affaires de leur pays.

— Je me suis servi de beaucoup d'autres techniques. Mais j'ai aussi bien aimé celle du problème-solution.

— En quoi consiste-t-elle ?

— Elle est toute simple ! Comme son nom l'indique, elle consiste à créer un problème pour ensuite lui trouver une solution. Ce faisant, on peut gagner la sympathie des gens pour qui la solution a été trouvée. Elle est toutefois souvent utilisée par certains dirigeants qui profitent de la réussite de sa mise en œuvre pour faire voter des lois qui sont souvent contestées en temps normal.

— Donnez-moi un exemple, si vous en avez un.

— J'en ai absolument plusieurs. Mais celui qui me vient à l'instant à l'esprit a eu lieu il y a environ treize ans

À peine avait-il dit treize ans que l'interrompit le médecin.

— Donc, si je comprends bien cela fait au minimum treize ans que vous dirigez votre pays, demanda-t-il avec étonnement.

— Oui.

— Mais treize ans, c'est quand même trop au pouvoir. Vous ne trouvez pas ?

Cette remarque énerva l'État. Il voulut dès lors s'emporter, mais parvint à se maîtriser. Il fit toutefois sentir une certaine indignation dans sa réponse :

— Pourquoi les mêmes faits changent-ils de nom ou d'angle d'approche et de signification quand il s'agit de mon continent ? dit-il avec indignation en insistant sur les mots.

Depuis un certain temps l'État avait l'humeur changeante. Dès lors, dans un petit intervalle de temps, il était capable de passer d'une immense joie à une colère incompréhensible. De plus, il était devenu susceptible et surtout très imprévisible.

— C'est-à-dire ? lui répondit placidement le médecin qui ne le quittait pas du regard.

L'État poussa un long soupir avant de répondre. Il voulut par la même occasion briser certains préjugés, fussent-ils inconscients.

— J'ai été élu conformément à notre constitution. Et selon celle-ci, un candidat peut se présenter indéfiniment aux élections présidentielles. Dans mon pays, il n'existe pas de limitation de mandats comme c'est le cas aux États-Unis et dans d'autres pays. De plus, François Mitterrand a passé plus de 13 ans et quelques mois au pouvoir, Jacques Chirac plus de onze ans. Angela Merkel aura passé 16 ans au pouvoir si elle termine son nouveau mandat. Vous pouvez beau me dire que c'étaient des septennats du temps de Mitterrand et pendant le premier mandat de Chirac. Mais une année reste une année. Pourtant nombre de gens n'y trouvent rien d'anormal puisque ce sont des Occidentaux. Mais lorsqu'il s'agit de l'Afrique, le vocabulaire et la signification des choses changent. Même si, je l'avoue, les élections qui se sont

L'État déballe tout !

déroulées dans certains pays, le mien y compris, n'ont pas été des plus parfaites au monde. Mais nous sommes de jeunes nations. Nous pouvons dès lors encore bénéficier de circonstances atténuantes tout en sachant que nous avons du chemin à faire sur la trajectoire cahoteuse menant à la « véritable démocratie ». Surtout si l'on sait que certains États européens qui se targuent d'être des « pays de démocratie » - ce qui est très discutable - ont été construits sur des siècles et ils n'ont pas subi toutes les dominations auxquelles nous avons dû faire face au cours de l'histoire.

Cette remarque froissa le médecin à telle enseigne que son visage si rayonnant jusque-là commença à pâlir. Il se mit à mordiller sa lèvre inférieure comme pour extérioriser ou expulser la gêne occasionnée par les mots pour le moins imprévisibles de l'État. Il prit par conséquent quelques secondes avant de lui répondre, la voix entrecoupée :

— En fait, en…fait. Ne prenez pas mal ce que je viens de dire. J'ai parlé sans-arrière-pensée.

Voyant une certaine gêne se dessiner sur le visage du médecin, l'État ravala tout ce qu'il avait envie de dire pour répondre à ce qu'il considérait comme du nanoracisme. Cette forme de racisme qui s'exprime dans les gestes apparemment anodins de tous les jours, dont avait parlé l'historien Achille Mbembé [3].

— Peut-être ai-je été très susceptible, se dit-il.

Il parvint alors à se maîtriser et décida de continuer tranquillement la discussion, qui semblait buter sur une incompréhension. Pour détendre l'atmosphère, devenu

---

[3] Achille Mbembé, *Politiques de l'inimitié*, Éditions La Découverte, Paris, p.80.

un tantinet froid, il décida de continuer de répondre à la question que le médecin lui avait posée un moment plus tôt. Mais il ne savait plus où il en était.
— Que disais-je ? J'ai perdu le fil de ma pensée, reprit-il.
— On parlait de quelques-unes des stratégies de manipulation ou de « gestion » dont vous vous êtes servi par le passé pour « endormir » votre peuple, lui répondit timidement le médecin.
— Merci de m'avoir rafraîchi la mémoire.
— De rien. Est-ce que je peux m'absenter pendant deux minutes ?
— Bien sûr. Prenez votre temps.
— Merci.
Sur ces mots, le médecin se leva et sortit de son bureau. Il fit un petit tour dans le bâtiment comme pour s'aérer l'esprit, et surtout faire sortir le petit malaise que les propos de l'État lui avaient causé intérieurement. Ils lui faisaient d'autant plus mal qu'il avait très tôt milité dans des associations de défense des droits de l'homme et des mouvements de lutte contre le racisme. Dès lors il concevait mal qu'on l'accusât de racisme, fût-ce implicitement. Quand il se sentit beaucoup mieux pour continuer la discussion, il regagna son bureau et reprit sa place.
— Excusez-moi, je devais régler une petite chose, servit-il comme prétexte pour justifier son absence, qui avait tout de même duré une dizaine de minutes.
— Ce n'est pas grave.
— On peut continuer, si vous voulez.
— Comme je le disais tout à l'heure, il y a quelques années, à l'approche des élections présidentielles, mon

équipe et moi devions utiliser une stratégie pour gagner la sympathie des habitants d'une grande ville où un de mes principaux opposants me devançait souvent largement pendant le décompte final des voix lors de différentes élections (législatives, municipales, régionales, etc.) Vu que cette ville se trouve non loin d'un long et puissant fleuve où il y a un grand barrage hydroélectrique, nous y avions sciemment créé une inondation en faisant ouvrir les écluses plus que de raison pendant des heures, prétextant une défaillance technique. Le fleuve était par conséquent sorti de son lit et s'était propagé jusqu'à l'intérieur de plusieurs maisons alentour. Cette inondation, qui avait eu lieu vers 2h du matin, y avait semé beaucoup de dégâts matériels, mais n'y avait heureusement pas causé de décès. Le même jour, vers 10h du matin, j'y ai fait affréter, par le biais d'avions militaires, des aides de toutes sortes. Et je m'y suis rendu pour rencontrer la plupart des familles à qui j'avais fait remettre chacune une forte somme d'argent pour l'achat de denrées alimentaires et le remplacement des matériels endommagés. Les sommes d'argent que nombre de familles avaient perçues dépassaient largement la valeur financière de ce qu'elles avaient perdu. J'avais aussi même fait remettre de l'argent aux différents chefs de quartiers dans le secteur. Avant de quitter les lieux, j'y avais tenu un discours mémorable et très émouvant. J'étais très inspiré ce jour-là. En m'adressant aux populations locales, j'avais pu trouver les mots justes, qui leur étaient allés sans doute droit au cœur, du moins pour beaucoup d'entre elles. La manière dont ce problème a été créé, puis géré et le suivi qui en était fait m'avaient permis d'engranger beaucoup de voix et de me rapprocher considérablement de mon principal rival lors des élections présidentielles qui eurent lieu quelques mois plus tard. Ce qui n'était pas rien vu les grands écarts habituels qu'il y avait entre lui et moi dans cette seconde grande ville du pays. Outre cette méthode problème-solution, je me suis aussi servi de beaucoup d'autres techniques qui se sont montrées très efficaces. Je me rappelle avoir fait voter des lois controversées un jour où il y avait une grande rencontre sportive dans le pays. Chez nous, on aime beaucoup le football. Alors que toutes les attentions étaient braquées au stade où un club du pays affrontait une équipe marocaine pour une place de demi-finale de la coupe africaine des clubs de football, l'Assemblée nationale, sans forte opposition, encore moins de protestations dans les rues, avait voté ces lois-là. Le temps qu'une bonne partie de la population réagisse, c'était presque trop tard. Je dispose aussi de groupes très doués dans la désinformation, la propagande et la propagation de fausses nouvelles. Sans parler de mes agents secrets, que j'appelle mes oreilles et mes yeux, qui sont disséminés un peu partout dans la population. Tous ces collaborateurs indirects opèrent le plus souvent dans médias, surtout sur les réseaux sociaux. Par exemple pour tâter le pouls de la population afin de mieux m'orienter quand je veux faire adopter une loi dans un domaine sensible dans le pays, des rumeurs sont répandues dans les médias pour vérifier sa réaction. C'est la stratégie du ballon d'essai. Je m'en suis servi une fois pour voir si la population était prête à accepter la légalisation de l'homosexualité dans le pays. Mais autant elle se montre souvent passive dans sa grande majorité, même quand il s'agit de nombres de questions politiques essentielles, autant je l'ai trouvée très réactive dans sa quasi-totalité lorsqu'il s'était agi des rumeurs relatives à la légalisation de l'homosexualité. J'ai très vite fait machine arrière en organisant une grande sortie médiatique pour dire que ce n'étaient juste que des rumeurs propagées par des personnes malintentionnées, que le gouvernement n'avait nullement l'intention de légaliser le mariage homosexuel dans le pays. Je vais néanmoins ressayer dans quelques années car je ne cesse de faire régulièrement l'objet d'actives pressions venant de puissants lobbies gays dans le pays et de leurs riches et puissants acolytes éparpillés un peu partout dans le monde. Parfois même de certains chefs d'État prétendant vouloir promouvoir les droits de l'homme. Donc, voilà grosso modo certaines méthodes dont je me suis servi

— Décidément, il faut vraiment être sans-cœur pour être au pouvoir si c'est de cette manière que l'on doit diriger un pays, dit le médecin après un moment de silence.

Il ne lui avait pas fallu beaucoup de temps pour retrouver sa bonne humeur habituelle.

— Pas sans-cœur. Je dirais plutôt qu'il faut souvent être insensible et calculateur.

— Mais votre vie ne doit pas être facile.

— Elle est très compliquée. Car, en plus d'avoir d'énormes difficultés pour régler les nombreux problèmes auxquels sont confrontés mes concitoyens, je patauge souvent dans un marais de contradictions et de reniements. Ce qui fait que lorsque je dois m'adresser au peuple, je vérifie d'abord ce dont il ne faut pas parler avant de penser à ce qu'il faut dire, car beaucoup de mes promesses n'ont pas été respectées. Ne parlons même pas de la trahison et du cynisme dont je n'ai eu cesse d'user depuis des années. Et j'ai aussi de plus en plus de mal à faire face aux critiques.

— Vous venez de souligner des points intéressants. C'est peut-être à cause de tout cela que vous souffrez intérieurement puisque vous devez souvent être stressé et pris de remords, si tant est que vous en éprouviez.

— J'en éprouve évidemment. Énormément même. Je ne suis pas le monstre que d'aucuns prennent plaisir à peindre. J'ai de la famille quand même et j'éprouve certains sentiments comme tout le monde. C'est vrai que je suis souvent stressé et je suis devenu très paranoïaque. Il y a des jours où je suis obligé de prendre beaucoup de médicaments pour parvenir à m'endormir afin de tout oublier.

— Êtes-vous conscient que trop de stress peut, entre autres, causer l'A.V.C sans parler de l'aggravation de l'hypertension dont vous souffrez déjà ?

— J'en suis parfaitement conscient. C'est pourquoi je me confie. Je sens qu'il m'est d'autant plus nécessaire de le faire que je ne parle pas trop de ce que je ressens pour me libérer de certaines pressions. Par conséquent, j'intériorise tout. C'est certainement à cause de cela que je bouillonne de l'intérieur depuis des années. Présentement, je suis au bord de l'explosion. Ce qui me pousse à avoir souvent les nerfs à fleur de peau et à déverser ma bile pour des broutilles sur des boucs émissaires se trouvant au mauvais endroit et au mauvais moment. Pendant certains de mes moments d'accès de colère, il m'est arrivé d'envoyer des forces de l'ordre pour disperser violemment des manifestants, de faire emprisonner certaines personnes pour des peccadilles.

L'État déballe tout !

J'ai de plus en plus de mal à contrôler mes actes, ma colère et à accepter la contradiction.

En prononçant ces mots, l'État semblait revivre certains événements tristes et regrettables l'ayant marqué. Il était physiquement présent, mais son regard fixé, non sur son interlocuteur, mais sur un point de la bibliothèque derrière lui révélait que son esprit était ailleurs. Il marqua un moment d'arrêt pendant quelques secondes avant de reprendre son souffle. À ce moment, il devint un peu plus détendu. Il continua alors la discussion :

— Vu que vous m'avez donné aujourd'hui l'opportunité de parler, voire de me soulager la conscience, je vais bien en profiter d'autant que je sens que notre conversation commence à avoir un effet cathartique sur moi. Habituellement, je m'ouvre très difficilement aux autres, même à mes très proches conseillers. Car je pense que c'est moi qui les emploie, donc leurs conseils peuvent souvent manquer de sincérité. J'entretiens tout de même de très bonnes relations avec eux. Mais je me dis quelquefois que ce n'est juste qu'une association à bénéfices réciproques : ils profitent des avantages du pouvoir et moi je tire parti de leur « intelligence » pour me sortir de certaines situations compliquées et me maintenir encore plus longtemps à la tête du pays. Je ne suis pas dupe...Donc, la sincérité peut déserter nos relations pour faire place à l'opportunisme. Je le sens parfois dans les positions que quelques-uns parmi eux me demandent de prendre face à telle ou telle situation.

— Votre situation n'est pas facile ! Vous êtes tout mon opposé. Du moins l'êtes-vous professionnellement, parce que la sincérité et l'ouverture jusqu'à la confidence sont les bases des relations que j'entretiens souvent avec mes patients. Sans elles, je ne peux rien faire pour les soigner.

— Je n'en disconviens pas. La preuve : je suis en train de vous dire des choses que je n'ai jamais révélées de ma vie, de faire des aveux qu'il m'eût été impossible de faire même devant mes très, très proches. Mais là, j'ai besoin de me soigner. D'où la nécessité d'être sincère pour qu'on puisse me proposer un remède adéquat.

— C'est vrai ! Mais dites-moi, aimez-vous votre fonction ? Je vous pose cette question parce qu'elle me semble très contraignante.

— Euh…

Plusieurs secondes s'écoulèrent avant que l'État ne donnât sa réponse :

— Pour l'avoir convoitée pendant des années en tant qu'opposant, je ne peux pas dire que je ne l'aime pas. Mais il y a des jours où je n'ai qu'une envie : tout laisser tomber et aller me terrer quelque part pour mener ma petite vie tranquille afin de m'éloigner des caméras, des scandales, de la pression sociale et des mensonges…Mais, pour être franc, je ne peux agir ainsi sur un coup de tête. De plus, je tire énormément de profit de cette fonction, qui est très passionnante quoi que l'on puisse en dire ou penser.

— Vous en tirez quoi comme profit ?

— Outre le pouvoir qu'elle me confère, j'en tire, tant au niveau national qu'international, bien d'autres nombreux avantages que je ne pourrai pas vous énumérer tous. Ma famille et mes partisans en profitent aussi.

— Est-ce à dire que le peuple est laissé pour compte ? Vous semblez insinuer qu'il n'y a qu'un cercle restreint de personnes qui bénéficie des avantages de votre pouvoir.

Cette question inattendue assomma l'État, comme s'il avait reçu un uppercut en pleine figure. Aussi mit-il plusieurs secondes avant d'échafauder une réponse pour le moins cafouilleuse et peu convaincante.

— Euh...Le peuple, le peuple...euh, je le protège...

Après cet instant, l'État se tut. Il fixa le plafond comme s'il y cherchait les arguments probants ou les réponses qui lui manquaient :

— J'ai beaucoup fait pour le peuple dans le domaine des infrastructures. Il y a aussi la sécurité dans le pays, reprit-il.

— Qu'avez-vous fait dans le domaine de l'emploi ?

— J'avoue que c'est le ventre mou de ma gestion des affaires du pays. Mais, contrairement à mes prédécesseurs, j'ai fait créer plusieurs emplois dans les chantiers de construction des infrastructures et dans le domaine de la sécurité.

— Mais pour les infrastructures, ce sont sans doute des emplois ponctuels et précaires.

— C'est vrai pour la plupart, dit l'État, avant d'ajouter avec gêne, après un moment de silence : « Mais il vaut mieux travailler de temps à autre que de ne pas travailler du tout. Il y a aussi les recrutements de la fonction publique que j'avais oublié de te dire. »

— Quelle proportion représentent les jeunes dans votre pays ?

— Plus de 55% de la population.

— Et la population active ?

— 75%.
— Et le taux chômage s'y élève à combien ?

Cette question à laquelle l'État ne s'attendait pas, le mit très mal à l'aise. Du coup, il se mit à réfléchir pour trouver la bonne réponse.

— Je crois que c'est environ 45%.
— 45% ! Ça c'est quand même énorme. En plus vous n'en êtes même pas sûr. Comment se fait-il que vous ne connaissiez pas exactement les chiffres du chômage dans votre pays ?

— C'est d'autant plus difficile à connaître avec certitude que l'économie et les affaires y sont souvent informelles. Du coup, la Direction Nationale des Statistiques ne peut pas avoir des chiffres très précis puisque beaucoup d'acteurs informels ne sont pas pris en compte dans les calculs.

— Je vois ! Mais est-ce que vous êtes conscient qu'un grand nombre de chômeurs, dans une population composée de plus de 55% de jeunes, peut constituer une bombe à retardement ?

— J'en suis pleinement conscient, c'est pourquoi j'essaie d'occuper les jeunes comme je peux pour le moment, en attendant de trouver des solutions adéquates au problème du chômage, qui est vraiment endémique dans le pays.

Peu convaincu par les réponses évasives de l'État, le médecin cessa de parler d'emplois. Il eût pourtant bien aimé poser encore plus de questions dans ce domaine, mais le manque d'assurance et l'absence de certitudes dont fit montre son interlocuteur l'en dissuadèrent.

— Et vous, est-ce que vous aimez votre métier ? demanda à son tour l'État au médecin.

— Ah oui ! Je l'adore même ! C'est la passion de ma vie. D'ailleurs, le moment où je suis le plus satisfait de moi est le soir quand je suis dans mon lit. Quand je repense à une intervention réussie que j'ai faite dans la journée, à une vie que je suis parvenu à sauver, je suis comblé de joie. Quand je revois l'image d'une personne arrivée à l'hôpital l'air maussade et en sortir le sourire aux lèvres, j'éprouve un immense bonheur.

— Moi aussi, je rends beaucoup de services à mes concitoyens. Mais mon seul problème est que nombre d'entre eux ont la fâcheuse tendance à ranger presque toutes mes bonnes actions du côté de l'opportunisme et des calculs minutieux. Ce qui n'est pas totalement faux. Mais je rends des services aussi de gaieté de cœur et avec amour quand même. Je ne suis pas le monstre froid que l'on veut faire croire au monde. Je suis sensible aux maux de mon peuple.

— C'est normal ! Vous êtes élu pour servir, et non le contraire.

— Comme vous aussi, vous avez été embauché pour soigner les patients.

— C'est vrai. Mais j'ai aussi ma propre clinique, où je soigne des personnes démunies sans trop leur demander.

— C'est bien. Moi je pense à créer une très grande fondation pour venir en aide aux pauvres dans le pays, quand je n'aurai plus la lourde charge qui pèse présentement sur mes épaules. Cette idée m'est venue à l'esprit lorsque je me suis aperçu que ma femme, grâce à une association qu'elle a mise sur pied, apporte un soutien matériel, financier et médical à nombre de groupes associatifs féminins du pays et à beaucoup d'autres personnes démunies.

— Ne pensez-vous pas que ce soit plus important et plus pertinent d'agir maintenant, vu que c'est pour cet objectif-là que vous êtes en fonction et que vous en disposez encore les moyens ?

— Vous avez raison...reconnut l'État. J'essaierai de faire de mon mieux, conclut-il après plusieurs secondes de confusion

— Dites-moi, au cas où vous deviez créer une fondation, quand vous ne serez plus au pouvoir, c'est à dire quand vous n'aurez plus les moyens que votre pays a mis à votre disposition, avec quel argent compteriez-vous la faire fonctionner ? Car je sais qu'il faut beaucoup de moyens financiers pour bien faire marcher une fondation digne de ce nom puisque les fondations ne génèrent pas généralement de bénéfices.

— Cela ne doit poser aucun problème parce que je suis très riche. J'ai quelques sociétés anonymes et des prête-noms dans mon pays de même qu'à l'étranger. Et j'ai aussi plusieurs comptes bancaires bien alimentés dans certains pays européens et aux États-Unis.

Le fait de se confier procurait à l'État un si grand soulagement qu'il n'avait pas hésité à faire tomber les digues qui retenaient sa précaution au début de la conversation. Dès lors, il se sentait même très à l'aise à faire en quelque sorte son grand déballage. Ce qui donnait une grande audace au médecin qui n'hésitait pas un seul instant à lui poser toutes sortes de questions qui lui passaient par la tête.

— Est-ce l'argent du contribuable qui vous a enrichi ?

— Je mentirais, si je disais le contraire. Mais je n'étais pas pauvre quand j'ai accédé au pouvoir. Seulement, mes ressources financières étaient loin d'être aussi mirobolantes qu'elles le sont maintenant. Pour être honnête, je me suis beaucoup enrichi grâce à l'argent de mon pays.

— Mais cela ne doit pas être facile de s'enrichir énormément quand on est au pouvoir dans un pays puisqu'il doit normalement y exister des organes indépendants qui contrôlent l'utilisation de l'argent public et sanctionnent ceux qui le détournent. Du moins, c'est ce que je pense.

— Ces organes existent bel et bien dans mon pays, mais c'est moi qui nomme les personnes qui les dirigent. Du coup, j'ai placé à leur tête des hommes de confiance de mon parti, des fidèles parmi mes fidèles de la première heure. De plus, je dispose d'une caisse très bien fournie que je peux utiliser à ma discrétion. Par conséquent, s'enrichir n'est pas trop difficile pour moi.

Le médecin voulut lui dire qu'il devait y avoir un problème de démocratie chez lui, mais y renonça en pensant à « l'impair » qu'il avait commis un moment plus tôt en parlant de la durée de son mandat et de la gêne que cette remarque avait suscitée en lui.

— Dites-moi, qu'est-ce qui vous fait le plus plaisir dans le cadre de l'exercice de vos fonctions ? Lui demanda-t-il.

— Euh…Beaucoup de choses, même si j'ai du mal à vous les citer. Mais, grosso modo quand le peuple est content, je suis content. Le seul problème est qu'il est difficile à satisfaire

— C'est sûr ! Cela ne doit pas être facile. Surtout avec l'attitude que vous dites adopter vis-à-vis de lui.

— Vous avez raison. Par contre, les moments les plus difficiles sont quand les populations descendent dans les rues. Pendant ces instants-là, je ne dors que d'un œil si tant est que je parvienne à m'endormir.

— Moi, j'ai le sommeil facile encore qu'il m'arrive d'avoir une insomnie de temps à autre.

Après un moment de silence, le médecin reprit la parole :

— Mais, est-ce qu'il vous arrive de penser à démissionner tant à cause de la complexité que de la difficulté de votre travail ?

- Moi, démissionner ? Même si cela m'effleure parfois l'esprit, je ne le ferai jamais. Jamais au plus grand jamais. Pour difficile que soit la fonction, elle n'en reste pas moins très plaisante et enrichissante dans bien des domaines. Qui plus est, j'ai beaucoup de projets à terminer. D'ailleurs, même si je voulais démissionner mes proches s'y opposeraient très fermement. Ah les pauvres! Je les comprends…Je m'en tiens là. « *À qui sait comprendre, peu de mots suffisent* » dit-il en se désopilant la rate avant d'ajouter : « C'est de Stendhal. »

— Merci de me l'avoir appris. Je vois, dit le médecin avec un petit sourire.

— Voilà…

Il y eut un autre moment de silence de plusieurs secondes. Et le médecin de reprendre la parole pour tirer une conclusion de la discussion :

— En définitive, je sens, à la lumière de notre bref échange, que tout ce dont vous avez besoin c'est d'une tranquillité d'esprit et d'un examen de conscience approfondi. Car le fait de ne pas vous confier, les contradictions dans lesquelles vous pataugez, le cynisme dont vous faites quelquefois montre, le stress et la paranoïa qui vous habitent suscitent en vous beaucoup de remords, sans parler des troubles de conscience que ces situations vous ont causés. Je vais par conséquent vous donner le numéro d'un grand spécialiste avec qui vous pourrez prendre rendez-vous pour continuer la discussion. Il va certainement pousser le questionnement beaucoup plus loin et vous proposer d'éventuelles solutions parce qu'il dispose d'une méthodologie que je n'ai pas malgré l'expérience que j'ai acquise au fil des ans, à travers mes différents échanges avec mes patients.

Sur ces mots, le médecin se leva et se dirigea vers le petit local se trouvant de l'autre côté du rideau. Il en sortit au bout de deux minutes avec un pamphlet à la main. Sur celui-ci étaient marqués le numéro de téléphone et quelques informations personnelles du spécialiste qu'il proposait à l'État de rencontrer. Il le lui donna et lui remit en même temps une de ses cartes de visite qu'il ne distribuait pas à tout-va. L'État jeta sur cette dernière un coup d'œil furtif avant de la ranger machinalement dans la poche gauche de sa veste. Il garda par contre en main le pamphlet, qui était beaucoup plus grand. Après cet instant, ils parlèrent de tout et de rien pendant une bonne dizaine de minutes. Cet échange avait créé une si grande familiarité entre eux qu'ils avaient fini par commencer à se tutoyer. Lorsqu'ils jugèrent qu'ils n'avaient plus grand-chose à se dire, le médecin demanda à l'État de patienter un moment. Il s'en alla rapidement vers le petit local et en sortit avec une feuille pliée qu'il lui remit en lui disant qu'il n'était pas tenu de lire sur place ce qui y était noté. L'État prit le papier avec enjouement et le mit dans la poche droite de son pantalon avant de quitter le bureau, non sans avoir chaleureusement serré la main du médecin.

À peine avait-il quitté la clinique qu'il s'empressa de sortir la feuille de sa poche et de la déplier avec hâte, aiguillonné qu'il était par un désir ardent de savoir ce qui s'y trouvait. À sa grande surprise, il y vit inscrit : « *Mieux vaut une conscience tranquille qu'une destinée prospère. J'aime mieux un bon sommeil qu'un bon lit* ». Victor Hugo.

Après la lecture de ces mots, beaucoup de choses lui vinrent à l'esprit. Il demeura pensif et resta cloué devant la porte d'entrée principale de la clinique pendant plusieurs secondes. Ce ne fut qu'après qu'une personne sortant de celle-ci l'eut touché à l'épaule sans le faire exprès qu'il se rendit compte qu'il gênait le passage. Il rangea rapidement la feuille dans la poche droite de son pantalon et fit quelques grandes enjambées le menant au passage piéton se trouvant à une vingtaine de mètres de la clinique. Là, il attendit que le feu passât au vert pour traverser le passage piéton en même temps que plusieurs autres personnes afin de se rendre de l'autre côté de la rue où il avait stationné son véhicule. Une fois à bord, une main sur le volant l'autre sur le menton en guise d'étonnement, la pensée de Victor Hugo refit surface dans sa mémoire et commença à le turlupiner si profondément qu'il resta coi dans cette position pendant plusieurs minutes. Il ressortit aussitôt la feuille une fois de plus de sa poche, la parcourut de nouveau avant de la plier et de la ranger dans la boîte à gants et demeura dans le véhicule qui était toujours immobilisé.

À cette période de fin d'année, la nuit tombait très vite. Par conséquent, quand il était sorti de son rendez-vous vers 18h 30 il faisait déjà sombre dehors. Pendant ce temps, le médecin aussi réfléchissait sur la conversation qu'il venait juste d'avoir avec l'État. Il dodelina de la tête en se disant : « Mais il n'existe pas de très, très grandes différences dans la manière de faire des États d'un pays à un autre. Mais, sans vouloir porter un jugement de valeur sur qui que ce soit, je me dis toujours que si chacun faisait son métier avec amour, sincérité et honnêteté, le monde irait beaucoup mieux ».

Après avoir longuement médité les mots de Victor Hugo, l'État, pour se donner bonne conscience se dit lui aussi : « Ce médecin se considère ange et me voit démon. Il en a le droit. Mais il doit savoir que nous exerçons des fonctions qui n'obéissent pas à la même logique. De plus, il n'est jamais trop tard pour bien faire. L'essentiel est d'être assez humble pour reconnaître ses erreurs et d'avoir le courage de recommencer. Je dois certes faire un grand travail sur moi. Je vais dès demain contacter le spécialiste le plus rapidement possible pour continuer à me soigner. Cette pensée de Victor Hugo doit éclairer le chemin qui me reste à parcourir. Demain sera un autre jour. »

Ce disant, il démarra son véhicule en trombe comme pour s'éloigner le plus rapidement possible des lieux. Mais ne voulant pas rejoindre son hôtel à cette heure-là, car ne sachant comment s'y occuper, il décida de faire un petit tour dans Paris sans avoir la moindre idée de sa destination. Ce petit tour le mena finalement sur les Champs-Élysées.

La capitale française ne portait pas mieux son surnom de ville des lumières qu'en cette période de l'année. Enguirlandée, décorée avec de très jolis jeux de lumière et de sapins, parée de ses plus beaux atours pour les fêtes de fin d'année qui se profilaient à l'horizon, l'avenue des Champs-Élysées scintillait de mille lumières. Les gens y allaient et venaient dans les deux sens, dans un mouvement qui faisait penser à une ola dans les stades, tant ils étaient nombreux malgré le temps plutôt froid.

La jovialité qui se dégageait des visages rayonnants de plusieurs des passants, notamment des touristes - qu'on entendait çà et là échanger entre autres en anglais, chinois ou japonais - contrastait avec la concentration, voire la crispation qu'on pouvait lire sur les visages des nombreux hommes en arme – policiers et militaires – marchant tantôt par petits groupes tantôt individuellement sur les deux côtés de l'avenue, fusils mitraillettes en bandoulière. Il y en avait aussi qui étaient postés devant quelques grands magasins. Peut-être était-ce à cause de la pression que faisaient peser sur leurs épaules les multiples menaces d'attentats qui planaient constamment au-dessus de la tête de leur pays. Ou tout juste voulaient-ils par leur présence rassurer les passants et par la même occasion dissuader ceux qui avaient quelque mauvaise intention. Cette période de fin d'année est un moment propice pour les groupes terroristes voulant semer le chaos dans certains pays parce que c'est un moment de relâchement durant lequel les esprits sont souvent préoccupés par les fêtes. Quoi qu'il en fût, la présence imposante des forces de l'ordre ne passait pas inaperçue.

Ce fut lorsqu'il atteignit la Place de la Concorde, après avoir traversé toute l'avenue des Champs-Élysées, que l'État eut brusquement l'idée d'aller au restaurant Le

George. En amateur de bonne chère, il s'arrangeait souvent pour y manger quelque chose lorsqu'il était de passage à Paris, quelque serré que fût son agenda. Il contourna alors le rond-point et prit la direction opposée, le menant vers l'Arc de Triomphe. Une fois à l'intérieur du restaurant - bien que le repas qui lui fut servi fût cher et copieux -, il éprouva une certaine gêne et un manque d'appétit pour bien le savourer. Par conséquent, il n'y goûta que quelques cuillérées avant de demander à un serveur qui passait à côté de lui de débarrasser son assiette. Les éclats de rire et les échanges chaleureux provenant des tables autour de la sienne étaient en porte-à-faux avec son calme, et surtout sa mine triste. Bref, il se sentait seul et malheureux dans cette petite sphère vivante et festive. Au bout d'une vingtaine de minutes, il se leva et alla régler la note. Il donna un important pourboire au caissier et à quelques serveurs à côté de lui. Il avait payé comptant, car, sauf en cas de nécessité absolue, il avait horreur de se servir de ses cartes bancaires par paranoïa et pour des raisons de sécurité. Quand il quitta finalement le restaurant, il lui vint aussitôt à l'esprit l'idée de se promener un peu. Mais au bout d'une dizaine de minutes de marche, voire d'errance parce que ne sachant pas où aller, il pensa à contacter l'une de ses anciennes maîtresses de luxe, qui vivait en région parisienne, pour qu'elle lui tînt compagnie le restant de la nuit à l'hôtel, voire de son séjour. Mais il se ravisa rapidement en se disant que non seulement l'humeur dans laquelle il se trouvait ne le lui autorisait pas, mais il ne voulait surtout pas que sa visite, qui revêtait selon lui un caractère spécial, ne fût connue de personne. Il choisit dès lors d'aller au cinéma, toujours sur les Champs-Élysées, pour s'occuper et passer le temps avant de retourner à l'hôtel.

C'était un film de comédie française qui passait à l'écran. Nonobstant les nombreux rires qui ponctuaient presque chaque séquence, il demeurait toujours de marbre et affichait une indifférence totale. Plusieurs minutes s'étaient écoulées lorsqu'il réalisa que s'il était dans cette salle sombre et surchauffée, c'était juste parce qu'il n'avait pas le courage de faire face à lui-même puisque sa propre compagnie l'ennuyait. Il avait peur de se trouver tout seul avec sa conscience le restant de la soirée. Il se leva et se dirigea vers la sortie. Tout en s'y rendant, il pensait à l'adage qui dit dans son pays que : « Celui qui fuit sa conscience aura du mal à trouver un endroit où se cacher ». Il dodelina de la tête en se disant que cela était d'autant plus vrai que sa situation à ce moment-là en était la parfaite illustration.

À sa sortie du cinéma, l'État avait l'esprit si occupé par mille pensées qu'il en oublia même l'endroit où il avait garé son véhicule. Il resta alors debout et pensif à une dizaine de mètres de la porte d'entrée du cinéma, adossé à un poteau pour ne pas entraver le passage des nombreuses personnes. Le vacarme de la foule faisait écho à son bouillonnement intérieur. Une fois que l'endroit lui fut revenu à l'esprit, il s'y dirigea rapidement et démarra son véhicule.

Un quart d'heure plus tard, il était déjà dans sa chambre d'hôtel. Située au quinzième étage, elle était immense et très belle. Ce qui frappait de prime abord quiconque y entrait, c'étaient son énorme surface et le grand luxe dont elle était parée. Dans le sens de la

L'État déballe tout !

longueur, un imposant lit accolé au mur faisait face à une très grande et belle télévision à écran plat noire fixée sur un très joli meuble. Au milieu de la chambre, quatre jolis fauteuils en cuir blanc de taille moyenne se trouvaient de part et d'autre d'une table en cristal carrée sur laquelle trônait un pot de fleur à l'intérieur duquel il y avait de l'eau et une plante naturelle verte. Les fauteuils avaient la même couleur que le lit marmoréen et les deux tables de chevet qui lui étaient accolées de chaque côté touchant le mur. Sous l'effet des lampes néon installées aux deux coins de la chambre - qui faisaient face à la porte - et de celle qui pendait majestueusement du milieu du plafond, la peinture blanche scintillante, voire éblouissante mettait en exergue les couleurs beige et blanche de la couverture, des oreillers et des petits coussins éparpillés sur lit, qui étaient assorties avec la jolie nappe couvrant une autre table basse et les rideaux qui cachaient les deux fenêtres. Celles-ci offraient une très belle vue sur quelques monuments de Paris.

À un mètre et demi environ de la porte d'entrée, dissimulée derrière d'autres rideaux de couleur beige unie de taille moins imposante se trouvait une petite armoire discrète encastrée au mur dans laquelle l'État avait enfermé ses affaires. Tout au fond de la chambre, il y avait des toilettes très luxueuses ornées de meubles dorés. Quand l'État descendait de son lit, il mettait les pieds sur un tapis doux et soyeux de couleur beige qui lui procurait d'agréables sensations.

Dès son arrivée, l'État resta longuement assis sur le lit après avoir mis son pyjama. La discussion qu'il avait eue avec le médecin et les remarques que celui-ci lui avait faites avaient si troublé son esprit qu'il semblait en avoir perdu le sommeil. En vain avait-il dès lors tenté de dormir pendant une bonne partie de la nuit. Devant la persistance de l'insomnie, il se leva du lit, marcha çà et là dans la chambre, alluma la télévision avant de l'éteindre au bout de cinq minutes. Il s'en alla vers l'armoire, l'ouvrit et prit son sac qu'il y avait rangé à son retour. Il en sortit cinq différents journaux de son pays qu'il avait emportés avec lui. Il s'était promis de les lire tous durant les sept heures et demie que dura son trajet. Mais ayant dormi la plupart du temps au cours du voyage, il n'avait pas eu le temps de les lire. Il les parcourut très rapidement l'un après l'autre sans pour autant avoir l'air d'avoir compris leur contenu. Il les remit dans le sac qu'il laissa cette fois-ci sur le lit. À trois heures et demie du matin à cet instant-là, il régnait un silence de mort au niveau du 15e étage. À part sa chambre, qui était encore éclairée, toutes les autres lumières étaient éteintes sur son palier, hormis celles du couloir. Ne sachant plus quoi plus faire, l'État reprit la télécommande et ralluma la télévision. Cette fois-ci, après avoir zappé à trois reprises, il tomba sur une émission qui semblait l'intéresser sur ARTE. C'était un documentaire qui parlait des drames et des causes de l'émigration. Il le suivit d'autant plus attentivement qu'on y avait montré son pays dès qu'il avait commencé à le regarder. On y citait aussi parmi les candidats malheureux à l'émigration des noms qui lui étaient familiers. Lorsqu'ils furent interrogés par un journaliste occidental sur les raisons qui les avaient poussés à émigrer, deux de ses compatriotes n'hésitèrent pas à répondre qu'ils avaient perdu tout espoir en restant chez eux, car en plus d'y être confrontés à un chômage endémique, ils devaient aussi faire face une injustice grandissante et un pouvoir qui devenait de plus en plus répressif. Dès lors, peu importait ce qui les attendait ailleurs, ils avaient bravé les mers et les déserts à la recherche d'un pays de cocagne où ils pourraient vivre plus dignement. Ces interviews et les images macabres qu'on montrait en même temps, accompagnées d'une musique triste indignèrent encore plus l'État et ajoutèrent une couche de tristesse à la mélancolie et au sentiment de culpabilité qui l'accablaient depuis sa sortie de la clinique. Il eût bien aimé regarder tout le documentaire. Mais quand il avait pris le train en marche il n'en restait que 20 minutes. « Non, non il est temps que je fasse quelque chose pour mon pays. Le fait de regarder ce documentaire, le même jour que j'ai été voir le médecin n'est pas le fruit du hasard. Il est temps que je change… », dit-il aussitôt à la fin de l'émission. Cette situation accentua encore plus son insomnie.

La fatigue aidant, ce ne fut que vers 4h 45 du matin qu'il céda finalement aux assauts puissants et répétés de la somnescence, qui devenait de plus en plus harcelante et insoutenable. Par conséquent, il dormit les poings fermés jusqu'à onze heures et demie du matin. À son réveil, il resta assis sur le lit. La couverture était défaite, et certains coussins étaient tombés sur le plancher, sans parler de son sac qui se trouvait sur un côté et ses chaussettes sur un autre. Il esquissa un petit sourire à la vue de ce petit désordre, lui qui était un maniaque du rangement. Il se leva, remit tout à sa place avant de se diriger vers la salle de bain. Sa douche terminée, il mit son survêtement et alluma une cigarette bien qu'il fût défendu de fumer dans la pièce. Mais il était si habitué à enfreindre certaines règles que cela ne l'effrayait guère d'y fumer. Il avait tout même pris soin de bien vérifier s'il n'y avait pas un détecteur de fumée. Quand il en vit un au plafond juste à l'entrée de la chambre et un autre au milieu, il alla à l'une des fenêtres, écarta les rideaux avant d'ouvrir les volets. Malgré la présence d'un soleil majestueux dans un ciel dégagé, il faisait très frais. Légèrement vêtu, il ne voulait pas prendre un coup de froid en restant très longtemps exposé au vent glacial qui soufflait dehors. Aussi tira-t-il rapidement et à plusieurs reprises sur la cigarette avant de l'éteindre et de refermer les volets. Il laissa toutefois les rideaux écartés pour profiter des rayons solaires, qui s'étaient frayé un petit chemin entre les interstices des immeubles en face de l'hôtel avant d'atterrir dans la chambre.

Après avoir pris son petit-déjeuner, il jeta un coup d'œil sur le pamphlet qu'il avait laissé sur l'une des tables afin d'appeler au numéro du spécialiste que lui avait remis le médecin la veille. Il le composa sans hésiter un seul instant.

— Bonjour, bienvenue à l'Institut du Professeur Rochelle. Comment puis-je vous aider, lui répondit la secrétaire de la clinique, d'une voix mielleuse.

— Je voudrais parler avec le professeur, s'il vous plaît.

— Puis-je vous mettre en attente, le temps de vérifier s'il est disponible.

— Pas de problème.

— Pourriez-vous me donner votre nom pour que je puisse vous introduire, au cas où il le serait ?

Vu qu'il ne voulait pas laisser un peu partout les traces de sa fausse identité sur ses papiers, l'État hésita. Il fit même semblant de ne pas avoir entendu la question,

L'État déballe tout !

et tenta de faire diversion en parlant d'autre chose. Mais la secrétaire la lui posa derechef. Il comprit dès lors qu'il ne pouvait pas se défausser. Aussi déclina-t-il sa fausse identité à son corps défendant.
— Merci. Veuillez patienter. Je vous reviens dans un instant.
— Parfait ! J'attends.
— Merci de votre patience, dit la secrétaire en reprenant la communication cinq minutes plus tard.
— Je vous en prie.

Bien que l'attente fût relativement de courte durée, l'État la trouva longue. Dans son pays, il était si habitué à voir presque tous ses désirs satisfaits, et dans les plus brefs délais, qu'il en était venu à perdre toute sa patience. Ses désirs étaient même devenus des ordres au fil des années.

— Il est présentement au téléphone, et il y a aussi un patient dans son bureau, reprit la secrétaire.
— Dans combien de temps, pensez-vous, qu'il sera disponible ? Je tenais vraiment à lui parler et à le rencontrer le plus rapidement possible. C'est un de ses amis médecins qui m'a référé à lui.
— Je suis désolée ! Je ne peux malheureusement pas dire dans combien de temps il sera disponible. Toutefois, si c'est tout juste pour prendre un rendez-vous avec lui, ça je peux m'en occuper. Cependant, il va falloir que je vérifie d'abord quelque chose.
— Je voudrais absolument prendre très rapidement un rendez-vous avec lui, s'il vous plaît.
— Parfait ! Préférez-vous m'attendre le temps que je vérifie…ou que je vous rappelle au numéro qui s'affiche à l'écran du téléphone ?

— Je préfère la seconde option, parce que j'ai de petites choses à faire, donna-t-il comme prétexte.

Il choisit la seconde proposition parce qu'il n'avait pas du tout aimé la musique qu'il entendait pendant qu'on l'avait mis en attente un instant plus tôt. De plus, il avait trouvé le temps d'attente long.

— Je vous rappelle alors dans quelques minutes, dit la secrétaire.

— Ça marche, j'attends votre coup de fil.

— À tout à l'heure alors.

À peine avait-elle terminé de parler avec l'État que la secrétaire fut appelée par le « maître de céans », qui lui demanda de lui chercher un papier important qu'il avait essayé de retrouver en vain. Elle s'exécuta, et par conséquent retarda la consultation de l'agenda du professeur pour la prise de rendez-vous.

Pendant ce temps, l'État, après avoir mis un blouson en cuir épais et un bonnet pour mieux faire face au froid, s'était de nouveau mis à la fenêtre pour fumer une nouvelle cigarette. Il profita de l'attente, qui commençait à être longue, pour passer un coup de fil urgent à sa femme parce qu'il avait quelque chose d'important à lui demander, dont il venait juste de se souvenir. Pourtant avant de quitter son pays, il lui avait bien dit qu'il ne la contacterait ni au téléphone ni par ordinateur, qui pour lui sous-entendait Internet. Sachant que son mari nourrissait une méfiance maladive vis-à-vis des ordinateurs et des téléphones depuis qu'il était au pouvoir, la Reine de Saba n'y avait pas trouvé grand-chose à dire. Tout juste lui avait-elle demandé de revenir à ses côtés dès que ce qu'il avait à régler serait résolu.

L'État avait bien des raisons de se méfier des téléphones et des ordinateurs, qu'il appelait les deux boîtes de Pandore tant il les considérait comme dangereux. Il s'en méfiait, d'autant plus que tout au long de l'exercice houleux et nébuleux de ses fonctions, il avait fait intercepter et écouter un grand nombre de communications téléphoniques confidentielles, fait enregistrer les échanges de plusieurs personnes à leur insu pour pouvoir les faire chanter plus tard et fait pirater tant de boîtes e-mail afin de lire certains courriels privés. Un jour, quand un des techniciens parmi les agents de ses services secrets lui avait expliqué la facilité déconcertante avec laquelle les techniques d'écoute et de piratage de boîtes e-mail étaient mises en œuvre, il en était devenu si paranoïaque qu'il s'était juré de ne plus se servir d'un téléphone et d'un ordinateur, sauf en cas de nécessité ou d'extrême urgence. Bien que le technicien lui eût expliqué par la suite qu'il avait des lignes sécurisées, il ne voulait plus rien savoir encore moins comprendre. Il se disait souvent que ce n'était pas sûr parce qu'il y avait toujours la possibilité de vérifier et de savoir qu'on s'était servi d'un téléphone ou d'un ordinateur. Or, ce qu'il préférait lui c'était de ne laisser nulle part les traces de son passage. C'est pourquoi, plutôt que d'écrire ou d'appeler, il traitait directement avec les gens avec qui il avait ou faisait affaire. Même quand d'importantes sommes d'argent étaient en jeu. Son credo était : ni vu ni connu. Il était si paranoïaque qu'il se méfiait parfois de son entourage très proche, car presque toutes les informations secrètes qu'il avait pu collecter sur certains de ses ministres et principaux opposants dans le pays, il les avait obtenues via leurs proches parents moyennant d'importantes sommes d'argent. Donc, s'il avait eu le choix, il n'aurait pas appelé sa femme. Mais il lui était venu à l'esprit qu'il attendait un courrier très important et qu'il lui fallait vérifier si elle l'avait reçu, car en son absence c'est à elle qu'on remettait les courriers qui semblaient revêtir un caractère important.

Il composa son numéro de téléphone après avoir pris soin de masquer le sien. Quand la Reine de Saba entendit son téléphone tintinnabuler, elle le décrocha avec d'autant plus de précaution qu'elle avait vu s'afficher à l'écran : privé.

— Allô, bonjour, dit-elle d'une voix calme et neutre
— Bonjour ma Reine, comment vas-tu !
— Allô oui, mon cœur, c'est toi ? Tu m'as fait peur avec ton appel masqué. Mais je me suis tout de même dit que, vu que je n'ai donné ce numéro qu'à un cercle restreint de personnes, l'appel ne peut provenir que de quelqu'un qui me connait bien. Je suis ravie d'entendre ta voix. Comment vas-tu ?
— Je vais très bien, ma Reine et toi ?
— Je vais bien, moi aussi. Merci.
— Comment se passe ton séjour ?
— Très bien !
— C'est très bien alors. Mais tu me manques.
— Moi aussi. Je vais d'ailleurs ajouter énormément. Tu me manques énormément.

La Reine de Saba éclata de rire. Son mari était un très bon parleur. Il savait souvent trouver les bons mots pour la faire rire et la distraire. Surtout quand elle était fâchée contre lui.

— Si tu appelles, c'est qu'il doit se passer quelque chose. C'est quoi le problème ?

— Non, tout se passe bien. C'est juste que je viens de me rappeler que j'attends ces jours-ci un courrier très important devant venir de l'ambassade des États-Unis. L'aurais-tu reçu en mon absence ?

— Non. Je ne me rappelle pas avoir reçu un courrier provenant de l'ambassade des États-Unis.

— C'est bien alors, cela me rassure.

— Dis-moi, comment s'est passé ton tête-à-tête avec le président français ?

— Très bien ! Je t'en ferai le compte rendu à mon retour. D'ailleurs, c'est parce que nous devons nous revoir que je ne suis pas encore rentré. J'attends juste son coup de fil pour qu'il me fixe une nouvelle date de rencontre.

— J'espère que ce sera pour bientôt.

— Moi aussi, je l'espère bien

— Je t'attends avec impatience. Je m'ennuie beaucoup ces derniers jours. Du coup, je passe le plus clair de mon temps à regarder la télé et à parler au téléphone avec ma mère et mes sœurs. Tu aurais dû m'emmener avec toi pour que je fasse un peu de shopping. Mais l'annonce de la nouvelle de ton départ a été si brusque que cette idée ne m'avait même pas traversé l'esprit. De plus, j'étais quelque peu fâchée contre toi.

— Ç'aurait été génial. Mais le voyage a été rapide et imprévu parce qu'il ne dépendait pas de moi. J'espère toutefois rentrer bientôt.

— Je l'espère bien moi aussi.

Il y eut un petit moment de silence.

— Comment va ta maman ? reprit l'État

— Elle va beaucoup mieux que les jours passés.

— Souhaite-lui un bon rétablissement de ma part.
— Je n'y manquerai pas.
— Tu es resté sage j'espère, dit la Reine de Saba avec un brin d'humour.

L'État émit un bref sourire. Il comprit où sa femme voulait en venir.

— Absolument ! Ne t'inquiète pas. Je suis plus que sage. D'ailleurs, je n'ai qu'une seule chose à l'esprit : revenir à tes côtés.

L'incrédulité ou l'indifférence dont faisait montre parfois la Reine de Saba envers les écarts de conduite de son mari étonnait ce dernier à telle enseigne qu'il se disait qu'elle était soit blasée soit elle lui préparait un coup. Pourtant, il l'aimait beaucoup et faisait de son mieux pour la rendre heureuse. Mais son seul problème est qu'il ne pouvait pas s'empêcher de voir d'autres femmes. Ils s'étaient connus quand ils étaient au collège avant de se retrouver plusieurs années plus tard à l'université. Ils étaient sortis ensemble pendant deux années avant de se marier.

— Je m'attendais à un court séjour.
— Moi aussi. Mais il y a eu des imprévus. Dis-moi, qu'est-ce qu'il y a de nouveau au pays ?
— Pas grand-chose. Tout est calme. Les gens semblent plus préoccupés par les préparations des fêtes de fin d'année que par autre chose.
— Tant mieux alors. Est-ce qu'ils se sont rendu compte de mon absence du territoire ?
— Je ne le crois pas du tout. Même quand tu étais là, tu pouvais rester plusieurs jours sans qu'on te voie ni t'entende. Donc ce n'est pas cette courte absence qui va faire changer les choses. La population a d'autres

L'État déballe tout !

préoccupations. Il m'arrive toutefois de recevoir le coup de fil d'un député ou d'un ministre voulant te parler. Mais je leur réponds juste que tu n'es pas disponible.
— C'est bien.
— Dis-moi, tu loges où ? Dans le 8e ou le 16e arrondissement, à Neuilly-sur-Seine ou bien à Saint-Cloud ? En plus d'avoir une belle résidence sur la Côte d'azur, l'État disposait aussi de quatre grandes maisons en région parisienne.
— J'ai préféré rester à l'hôtel parce que je ne veux pas que ma visite soit connue des gens à cause de son caractère spécial. Du coup, je fais tout pour éviter de me faire remarquer. As-tu des nouvelles de...
Au moment de demander des nouvelles de ses enfants, l'État vit l'appel de la clinique signalé par un bip. Il dit précipitamment à sa femme qu'il devait mettre fin à leur discussion parce qu'il avait un coup de fil urgent à prendre. Aussi interrompit-il brusquement la communication avant de décrocher l'appel de la secrétaire.
— Allô, bonjour, dit-il.
— Oui, bonjour. Merci de votre patience. Je suis désolée d'avoir pris autant de temps avant de vous d'appeler. En fait, j'avais des choses urgentes à faire pour le professeur.
— Ce n'est pas grave.
— Merci de votre compréhension. J'ai vérifié son agenda. La prochaine date de rendez-vous disponible est dans une dizaine de jours
— Une dizaine de jours! s'exclama l'État.
— Oui.

— Non...non...je ne pourrai pas prendre cette date...Elle ne m'arrange pas du tout. Pourriez-vous tout de même attendre un instant pour que je vérifie quelque chose ?

— Allez-y, je vous en prie !

— Merci.

L'État réfléchit pendant quelques secondes avant de reprendre la conversation.

— Non, je suis désolé, cela ne m'arrange absolument pas. Merci, tout de même. Je vais essayer de trouver une autre solution.

— Je suis vraiment désolée.

— Ce n'est pas grave. Je vais essayer de trouver une autre solution. Merci encore et bonne journée.

— Merci et bonne journée à vous aussi

Après avoir raccroché le téléphone, l'État resta perplexe devant la fenêtre. Il pensa à plusieurs choses avant de fermer les volets et d'aller s'asseoir sur le lit. « Non, non, je ne dois pas m'arrêter en si bon chemin. Il faut que je trouve rapidement une autre solution,» pensa-t-il. Il se leva, fit quelques pas çà et là dans la chambre puis se rassit sur le lit en se disant : « Mais pourquoi ne pas continuer avec le même médecin ? D'autant que notre discussion commence à porter ses fruits. » Ce disant, il se leva brusquement, reprit son téléphone portable qu'il avait laissé sur la table. Il ne chercha pas longtemps avant de trouver le numéro de la clinique sur la courte liste de l'historique des appels émis. Il l'avait connue par le biais de l'un de ses ministres gravement malade qui y avait été évacué et soigné avec succès. Depuis lors il gardait précieusement toutes les informations lui permettant d'y appeler afin de prendre

un rendez-vous avec un médecin.
— Bonjour ! Bienvenue à la clinique du Bien-Être. C'est Élisabeth à l'appareil comment puis-je vous aider ?
— Bonjour, Élisabeth, j'aimerais prendre un autre rendez-vous le plus rapidement possible avec M. Durand, s'il vous plaît. Nous nous sommes déjà vus hier, dans son bureau
— Pourriez-vous patienter un moment, le temps que je vérifie la liste de ses rendez-vous ?
— Allez-y, je vous en prie.
Deux minutes plus tard, Élisabeth reprit le téléphone.
— Merci de votre patience. Il y a des places libres pour le vendredi prochain. Aimeriez-vous venir en matinée ou bien en après-midi ?
— Un instant, s'il vous plaît. J'ai quelque chose à vérifier, répondit l'État, déçu.
— Ce jour ne me convient pas, dit-il après quelques secondes de réflexion
— Je suis désolée, mais c'est le jour le plus proche où il y a encore des places libres pour avoir un rendez-vous.
— Essayez s'il vous plaît de me trouver une solution. C'est vraiment urgent.
— Je suis désolée, mais je ne peux pas faire grand-chose.
— Pourriez-vous me passer M. Durand ?
— Il est présentement avec un patient.
— Je voudrais lui parler juste pour deux minutes. Il me connait.
— Sauf en cas d'extrême urgence, il m'a interdit de lui passer le téléphone pendant qu'il est avec un patient,
— S'il vous plaît madame, c'est urgent !

— Je suis désolée, mais je ne peux rien faire...
— Merci, termina l'État avec résignation et déception.
— Merci et bonne journée.

Sur ces mots, il raccrocha le téléphone. Alors qu'il ruminait désespérément sa déception - étendu sur le dos sur le lit, le regard fixé au plafond, il se rappela que le médecin lui avait remis sa carte de visite avec son numéro personnel. Cette pensée le requinqua et le poussa à esquisser un petit sourire. Il se leva rapidement comme propulsé par un ressort et fouilla dans les poches de la veste dans l'armoire. Une fois la carte entre les mains, il passa un coup de fil sans trop réfléchir. Mais le téléphone du médecin sonna dans le vide à maintes reprises avant le déclenchement de la boîte vocale. Il préféra ne pas laisser de message. Dix minutes plus tard, il ressaya, mais le même scénario se répéta. Après cinq tentatives infructueuses, il décida de jeter l'éponge.

Entre deux consultations, le médecin avait l'habitude de vérifier son téléphone portable, qu'il laissait souvent en mode silencieux dans son sac à main. Il ne dérogea pas à cette coutume ce jour-là après le départ du patient avec qui il était au moment où l'État essayait de le joindre. Lorsqu'il le consulta, il vit plusieurs appels manqués provenant d'un même numéro qui ne figurait pas sur son répertoire. Il se demanda avec curiosité qui l'appelait avec insistance et pour quelle raison ; d'autant qu'il ne donnait pas sa carte de visite où se trouvait son numéro direct à n'importe qui. Pour avoir les réponses à ces deux questions, il n'hésita pas un seul instant à composer le numéro.

Envahi qu'il était par le désespoir, l'État avait fini par

s'endormir. Mais la forte sonnerie du téléphone posé sur l'une des tables de chevet, accompagnée d'une intense vibration, le fit sursauter en le réveillant.

— Allô, bonjour, dit-il d'une voix de rogomme empreinte de sommeil

— Allô oui ! Bonjour. J'ai reçu plusieurs coups de fil venant de ce numéro. Je voudrais savoir celui ou celle qui a essayé de me joindre.

— Tu ne me reconnais pas ?

— Pas du tout !

— Pourtant nous avons passé beaucoup de temps à discuter hier après-midi.

— C'est l'État ?

— Oui. C'est bel et bien moi.

— Là, ta voix commence à me revenir. Je ne l'avais pas reconnue au début. Comment vas-tu ?

— Je ne vais pas tout à fait bien. Mais je me sens beaucoup mieux qu'hier.

— Je suis heureux d'entendre cela. As-tu pour autant téléphoné au numéro du spécialiste que je t'ai donné ?

— Oui, mais il n'était pas disponible. J'ai tout de même pu parler à sa secrétaire, qui m'a fait savoir qu'il ne me sera pas possible de le rencontrer avant une dizaine de jours. Ce qui ne m'arrange pas du tout. Du coup, je me suis dit que puisque nos échanges m'ont fait beaucoup de bien, et que je ne cherche pas autre chose, pourquoi ne pas continuer avec toi ?

— Ah oui ? fit le docteur avec surprise.

— Absolument !

— Mais, je t'ai déjà dit que je ne suis pas psychologue.

— « Peu importe si le chat est blanc ou noir du

moment qu'il attrape les souris », nous a enseigné Deng Xiao Ping, dit l'État avec un léger sourire.

— Elle est bonne celle-là, répliqua le médecin avec le sourire dans la voix.

— C'est tout juste pour te faire comprendre que si je suis parvenu à avoir chez toi ce que je cherche auprès du psychologue, pourquoi m'entêter à vouloir le rencontrer à tout prix ? D'autant qu'il ne me sera pas possible de le voir rapidement. Donc, j'aimerais prendre un nouveau rendez-vous avec toi. Le plus tôt sera le mieux. Cette fois-ci je voudrais qu'on prenne le temps qu'il faut pour aborder plusieurs autres questions. Le fait de m'être ouvert à toi m'a fait tellement de bien que j'ai besoin de parler davantage pour me soulager encore plus la conscience.

— Si tu le vois ainsi, on pourra alors continuer nos échanges. Mais il faudrait auparavant que je vérifie mon emploi du temps puisque j'ai pas mal de rendez-vous dans les prochains jours. Peux-tu patienter un instant le temps que je vérifie ?

— Vas-y ! Je t'en prie.

— Allô, reprit le médecin au bout de deux minutes d'attente environ

— Allô, oui.

— Malheureusement ce ne sera pas possible avant une semaine.

Cette réponse anéantit les espoirs de l'État. Ce qui le poussa à garder le silence pendant un moment avant de continuer la conversation :

— Une semaine ? Non, je ne pourrai pas attendre pendant tout ce temps. S'il te plaît, essaie de faire quelque chose pour moi. Peu importe le montant à payer, je n'hésiterais pas une seule seconde à y mettre le prix. D'autant qu'il y a actuellement une vacance de pouvoir dans mon pays depuis quelques jours, car à l'exception de ma femme, à qui j'ai dit de ne rien révéler à qui que ce soit, personne d'autre, même mon entourage proche, n'est au courant de mon voyage. Par conséquent, le pouvoir est de facto vacant. S'il te plaît, essaie de me trouver une solution. Je ne souhaite pas que cette situation perdure.

— Ce sera difficile ! répondit le médecin « Mais je vais essayer de faire de mon mieux. Sache pour autant que ce n'est pas tant pour l'argent que je consens à faire un petit sacrifice pour t'aider. Mais je veux juste que tu rejoignes ton pays le plus rapidement possible. »

— Je comprends. Merci.

— Peux-tu attendre un instant ?

— Absolument ! Prends tout ton temps.

— Ça ne sera pas long.

— Merci, j'attends.

L'État activa le haut-parleur de son téléphone avant de le déposer sur le lit. Ce faisant, il étendit son bras droit pour s'emparer de son sac qu'il avait posé sur l'autre table de chevet. Ce fut alors qu'il entendit la voix du médecin. Il se retourna très rapidement et reprit le téléphone. Il désactiva le mode haut-parleur avant de l'accoler à son oreille droite.

— Allô oui, dit-il précipitamment.

— Oui. Merci de ta patience, répondit le médecin.

— De rien.

— J'ai vérifié mon emploi du temps, mais il ne m'est malheureusement pas possible d'y apporter un quelconque changement. Cependant, vu que le lundi je dois finir mon quart de travail à 16 h, si ça te va, je peux te prendre à partir de cette heure-là.

— Cela me va très bien !

— Ça marche. Rendez-vous est donc pris pour lundi à 16h.

— Lundi à 16h, c'est noté. Merci beaucoup. Je t'offrirai un important cadeau.

Habitué à corrompre et à soudoyer, à rendre service dans le but d'avoir quelque chose en retour, l'État en était venu à croire que tout pouvait se monnayer ; qu'il fallait juste y mettre le prix ; qu'on ne pouvait pas rendre service sans arrière-pensée. Mais le médecin, calma rapidement ses ardeurs.

— Je ne pense pas que ce soit nécessaire de m'offrir un cadeau juste pour ce rendez-vous. J'ai certes fait un sacrifice pour te prendre, mais c'est toujours dans le cadre de mon travail. En outre, tu paieras le tarif régulier comme tous les autres patients.

Cette réponse le dégonfla.

— Je t'en suis vraiment reconnaissant. C'est du reste de gaieté de cœur que je veux t'offrir un cadeau. Ne le prends surtout pas pour autre chose.

— Je vois. Disons-nous à lundi.

— Merci encore une fois et bonne journée.

— Bonne journée à toi aussi.

Après ce bref échange téléphonique, l'État poussa un ouf de soulagement. Mais il ne pensa pas moins que le délai était toujours long parce qu'il lui fallait attendre encore trois jours. Par conséquent, le temps passait très lentement pour lui.

Le jour du rendez-vous, il sortit de l'hôtel vers quinze heures moins le quart. Puisque la circulation était assez fluide, il ne mit qu'une quinzaine de minutes avant d'arriver devant la porte d'entrée principale de la clinique. Après dix bonnes minutes de recherche infructueuse de place de stationnement, il vit une femme, jusque-là restée dans son véhicule immobile, sur le point de partir. Il se positionna et patienta jusqu'à ce qu'elle se fût éloignée pour lui prendre sa place. Après avoir stationné son véhicule, il y resta pendant quelques minutes. Ce ne fut qu'après un long moment d'hésitation qu'il décida finalement de se rendre à la salle d'accueil. Il n'y trouva que deux personnes. Il s'installa confortablement dans un fauteuil après avoir rempli quelques formalités administratives. Il y avait, très bien rangés sur une table, plusieurs journaux destinés aux visiteurs. Pour passer le temps, l'État en prit quelques-uns au hasard et se mit à les parcourir. Il semblait plus intéressé par les images que par le contenu des articles. Après les avoir feuilletés rapidement, il les remit à leur place. Voyant qu'il disposait encore de quelques minutes, il sortit son téléphone de sa poche et se mit à jouer aux cartes. C'était l'une de ses distractions préférées.

Vers 15h 50, la secrétaire, via une application interne, envoya un message instantané à M. Durand pour lui annoncer l'arrivée de l'État. Le médecin, grâce au son qu'émettait son ordinateur pour lui signaler la réception d'un nouveau message, ne mit que quelques secondes avant de lui répondre. Il l'informa qu'ils pouvaient venir à son bureau dans un très court instant parce que la consultation du patient avec qui il était venait juste de se terminer. Trois minutes plus tard, la secrétaire se leva de son siège. Suivie de l'État, ils arpentèrent les couloirs les menant au bureau du médecin. Ils étaient si dédaléens que l'État s'y serait très facilement perdu s'il n'avait pas été accompagné. À leur arrivée devant le bureau, ils trouvèrent la porte entrouverte.

À peine la secrétaire avait-elle toqué qu'il lui fut demandé d'entrer. Elle ouvrit la porte plus grandement, mais resta debout à l'embrasure. Elle échangea quelques mots avec le médecin dans la bonne humeur et introduisit l'État, à qui elle adressa un charmant sourire avant de lui dire au revoir, de tourner les talons et de s'éclipser.

Dès que l'État eut franchi le seuil de la porte du bureau, le médecin se leva de son siège et alla à sa rencontre. Il lui serra la main, le visage souriant. Il échangea quelques mots avec lui avant de l'inviter à prendre place sur la chaise où il était assis lors de leur première rencontre. Puis il ferma la porte et regagna sa place. Avant de s'asseoir, l'État prit le temps d'enlever son manteau et le chapeau qui l'aidait souvent à dissimuler son visage dans la rue et dans l'hôtel. À la demande du médecin, il les accrocha au porte-manteau. Ce ne fut qu'après avoir parlé de la pluie et du beau temps, pendant quelques minutes, qu'ils passèrent aux choses sérieuses.

— Bon…par où dois-je commencer aujourd'hui ? dit le médecin, l'air interrogateur.

— Je te repasse la balle. Je suis juste ici pour vider mon sac, lui répondit l'État avec un sourire timide.

— Parfait ! Ne sois dès lors pas étonné que je passe du coq à l'âne puisque je n'ai rien préparé. Les questions que je vais te poser vont alors certainement dépendre des réponses que tu vas me donner au fil de nos échanges. Ne

sois pas non plus surpris que je me répète parfois...
— Ce n'est pas grave. Moi, tout ce qui m'intéresse c'est que la discussion continue. Peu importe la forme.
Il y eut un petit moment de silence.
— Tiens, tu m'as révélé certaines choses de ta vie, mais tu ne m'as pas beaucoup parlé de toi, de ta famille, de ton parcours, reprit le médecin.
— Tu as raison. Je vais essayer de faire de mon mieux pour te dire l'essentiel me concernant, bien que ce soit difficile de parler de soi dans un ordre cohérent.
— Je t'écoute...
— Je suis né il y a exactement 68 ans et 5 mois. Je suis l'aîné d'une fratrie de trois garçons et de deux filles. Ma famille était modeste. Très modeste même pour ne pas dire pauvre. Elle vivait dans une contrée très éloignée de la capitale de mon pays où elle demeure maintenant depuis plusieurs années. Mon père était cultivateur et ma mère l'épaulait dans les travaux champêtres. C'est grâce à mon riche oncle paternel, qui habitait dans la capitale, que je fus inscrit un peu tardivement à l'école. Mon père, qui eût bien aimé me voir prendre sa relève dans les champs qu'il avait hérités de ses parents, lui avait donné la permission de m'emmener avec lui en ville à son corps défendant. Bien que difficile, la séparation précoce avec ma famille a été un grand tournant positif dans mon existence. Car elle a très vite été le carburant qui alimentait le moteur de ma motivation pour réussir dans la vie. Je me disais souvent qu'il fallait que je me batte durement à l'école pour ne pas connaître le même sort que mes parents. Lorsque j'habitais chez mon oncle, je leur rendais visite tous les 36 du mois tant la distance qui nous séparait était grande et les moyens de transport

pour relier nos lieux de résidence respectifs rares. Toutefois, ils passaient me voir une ou deux fois par année. Pour rares qu'elles fussent, leurs visites me réconfortaient et m'encourageaient davantage à mieux travailler à l'école. Mon objectif, voire mon obsession était de réussir, de tout faire pour les tirer du trou perdu qui n'avait du reste ni eau courante encore moins d'électricité. Le fait d'avoir connu le village et la ville très tôt m'a beaucoup aidé.

— Donc tu n'as pas eu une enfance heureuse.

— Je dirais plutôt que je n'ai pas eu une enfance facile, mais j'étais tout de même très heureux avec mes frères et sœurs et mes camarades au village. Le bonheur et le malheur étant relatifs, on peut vivre plus heureux dans une masure que dans un palais. Ce qui est d'autant plus vrai que je te parle en connaissance de cause. Cela dit, mon séjour chez mon oncle m'a ouvert les yeux au monde. Je peux même dire que c'est là-bas que je suis devenu un homme, conscient des défis que m'avait lancés la vie. Et, vu qu'il n'avait que des filles, il m'avait trop vite responsabilisé en faisant de moi l'homme de la maison. Mais, malgré la bonne ambiance qui y régnait et la situation matérielle aisée dans laquelle on vivait, je pensais souvent à ma famille au village. Je me disais toujours que je ne pouvais pas baigner dans l'opulence pendant qu'elle se débattait dans les rets des vicissitudes de la vie. Mon souci premier était dès lors de tout faire pour avoir une maison dans la capitale afin de l'y faire venir. J'y suis parvenu au fil des années. Mais hélas mes parents n'y ont pas vécu très longtemps. Mon père n'y est resté que trois années avant de passer l'arme à gauche. Ma mère l'a rejoint à sa dernière demeure deux ans plus

tard, termina l'État l'air triste.
— Je suis désolé ! fit le médecin. Paix à leur âme.
— Merci !
— Comment a été ton parcours scolaire ? demanda le médecin après un moment de silence.
— J'ai eu un parcours scolaire normal, voire excellent. J'étais toujours parmi les premiers de ma classe. M'ayant souvent trouvé des professeurs qui passaient à la maison me donner des cours particuliers dans différentes matières, mon oncle a beaucoup participé à ma réussite scolaire. Quant à mes études supérieures, je les ai faites dans la seule université qu'il y avait dans mon pays quand j'étais jeune. Je m'étais spécialisé dans le domaine de la chimie. C'est pendant l'année où j'ai obtenu ma licence que j'ai en même temps réussi au concours qui m'ouvrit les portes de l'I.S.C.A (Institut Supérieur de Chimie Agricole). J'y ai fait deux années de formation avant de commencer à travailler dans l'industrie agricole pour une grande entreprise étrangère implantée au pays.
— Tu avais alors quel âge ?
— 27 ou 28 ans, je pense.
— Est-ce que tu es marié ?
— Oui. Même si je me dis parfois que je me suis marié sur le tard, répondit l'État avec le sourire.
— As-tu des enfants ?
— Absolument ! J'ai deux garçons et une fille.
— Ils ont quel âge ?
— L'aînée, qui est la fille a 24 ans et les garçons ont 21 et 20 ans.
— Qu'est-ce qu'ils font dans la vie ?
— La fille est la directrice de la Société Nationale

d'Exploitation du Pétrole (S.N.E.P), qui est notre plus grande entreprise nationale. Elle a étudié à Paris dans une grande école de commerce et de management après l'obtention de son baccalauréat. Les rênes de cette entreprise lui furent confiées à son retour au pays. Quant aux deux garçons…

Le médecin interrompit l'État à ce moment-là.

— Était-ce un choix népotique ou était-elle, parmi toutes les personnes ayant présenté leur candidature à ce poste, la plus à même de l'occuper ?

— Je ne dirais pas que c'était un choix népotique…

— Comment se fait-il que le choix se soit porté sur elle et pas sur quelqu'un d'autre ? Surtout si l'on sait que c'est ta fille.

— Euh…En fait…Je l'ai nommée par décret, car je me suis dit tout simplement qu'elle a les compétences et les capacités pour exercer une telle fonction puisqu'elle a été formée dans une grande école parisienne de commerce et de management.

— Je vois. Mais n'eût-il pas été plus judicieux d'ouvrir un appel à candidatures ? Ce faisant, quelqu'un d'autre présentant un meilleur profil que le sien aurait pu être trouvé. Si tu te limites juste à elle, c'est sûr que tu ne sauras jamais ce que peuvent apporter les autres à ton pays pour ce poste.

— C'est vrai ! On aurait certes pu élargir le champ de la recherche de candidats. Mais lorsque ma fille m'a fait savoir qu'elle voulait ardemment occuper le poste, après m'avoir encore une fois détaillé la formation qu'elle avait suivie à Paris, j'ai aussitôt signé le décret de sa nomination en me disant qu'elle devait être capable de diriger cette entreprise. Pour moi le véritable népotisme aurait été de la nommer alors qu'elle n'a pas les bagages intellectuels requis pour bien faire le travail.

— Comment la décision de sa nomination a-t-elle été accueillie par tes concitoyens ?

— Il y a juste eu, comme d'habitude, quelques manifestions de colère dans les médias et dans les rues. Mais elles se sont estompées très vite au bout d'une semaine environ.

— Selon toi, qu'est-ce qui est plus important entre la compétence et la proximité (familiale, partisane, amicale) ?

— Les deux sont importantes. De plus, la proximité n'exclut pas la compétence. Cela dit, je suis très conscient que pour le bien du peuple et de l'intérêt général, la logique voudrait que je mette l'accent sur les compétences plutôt que sur la proximité, quelle qu'elle soit. Mais, dans les nominations aux postes-clés, c'est souvent l'esprit partisan qui est plus déterminant parce que si j'ai été porté au pouvoir c'est grâce au soutien de mes partisans.

— En d'autres termes, tes nominations aux postes-clés constituent une sorte de récompense ?

— Je ne sais si on peut les nommer ainsi. Mais je me sens redevable à nombre de gens. Du coup, lorsqu'il s'agit d'occuper certains postes importants, et surtout des postes de confiance, je ne peux pas les laisser de côté pour chercher d'autres personnes quels que soient leurs talents. Pour moi, cela va de soi.

— Ne penses-tu pas que cela puisse avoir un impact négatif sur l'efficacité et à la qualité du travail dans les hautes sphères du pouvoir ?

— Non. Car, en plus d'avoir des personnes

compétentes dans mon entourage proche, je nomme aussi d'autres collaborateurs aux compétences avérées, qui proviennent généralement de la société civile, et quelquefois de l'opposition. Donc, il y a un certain équilibre.
— Je vois. Revenons à tes enfants. Que font tes garçons dans la vie ?
— Ils poursuivent leurs études aux États-Unis.
— Pourquoi aux États-Unis ? Ce n'est en soi pas interdit d'envoyer ses enfants étudier dans un grand pays comme les États-Unis. Bien au contraire...Mais je voudrais juste savoir pourquoi le choix a été porté sur ce pays et pas sur un autre, le tien par exemple.
— C'est là-bas qu'ils sont nés.
— Ah oui ! Tous les deux ?
— Oui.
— Tu as vécu là-bas ?
— Non.
— Tu as la nationalité américaine ?
— Pas du tout.
— Leur maman ?
— Non plus !
— Elle y a vécu ?
— Non !
— Comme cela se fait qu'ils y soient nés alors ?
— Disons qu'elle y a vécu quelques mois ou semaines avant la naissance de chacun d'eux.
— Était-ce un pur hasard ou un choix délibéré ?
— Non, ce n'était pas un hasard. C'est moi qui l'avais voulu ainsi.
— Peux-tu me donner les raisons ayant motivé ces choix ?

À cette question inattendue, l'État mit un peu de temps avant d'apporter une réponse. Le médecin en profita pour se lever. Il se tourna vers la bibliothèque, prit de l'étagère supérieure ce qui semblait être un bloc-notes. Il en déchira une page après s'être rassis. Puis il se mit à griffonner quelques notes pour écrire ce qu'il avait retenu de ce que son patient lui avait dit jusque-là et ce qui était encore frais dans sa mémoire lors de leur première rencontre. L'État reprit la discussion :

— En fait, ces deux enfants sont nés pendant que j'occupais le poste de Ministre de l'industrie et de l'agriculture de mon pays.

— Tu as été ministre avant d'arriver au pouvoir ?

— Oui. Bien que faisant partie de l'opposition à cette époque-là, je fus nommé ministre dans le cadre d'un gouvernement d'union nationale. C'est en discutant un jour avec quelques-uns de mes collègues d'alors que j'ai découvert que c'était une pratique courante parmi eux. Je me suis dis pourquoi pas moi. Leur tactique consistait à attendre jusqu'à ce que leurs femmes fussent à quelques mois du terme de leur grossesse pour les envoyer accoucher au Canada ou aux États-Unis. Ce faisant, leurs enfants qui y sont nés vont avoir d'office la citoyenneté canadienne ou américaine puisqu'il existe encore le droit de sol dans ces deux pays-là. Ces citoyennetés leur permettront à l'avenir entre autres d'y faire des études au même prix que les populations locales. De plus, vu que nous vivons dans un monde où les ressortissants des pays pauvres doivent remuer ciel et terre pour pouvoir se rendre dans la plupart des pays riches, un passeport canadien ou américain peut être une sorte de sésame permettant à son détenteur de franchir la plupart des multiples frontières du monde sans encombre. Donc, c'était surtout pour mieux préparer l'avenir de mes deux fils que j'avais fait ces choix-là parce que je me disais que je pouvais être démis de mes fonctions de ministre d'un instant à l'autre. Il fallait dès lors profiter de ma position et de mes relations. Par ailleurs, des pays comme le mien semblent être exclus de la mondialisation et de la liberté de circulation dont la sacralité tant chantée par les grandes puissances n'est qu'un leurre. Le monde est vraiment injuste. Mais il existera toujours des voies de contournement, termina l'État avec un sourire gêné.

Quand il eut fini de parler, le médecin prit quelques notes avant de continuer :

— C'est tout de même étonnant d'entendre ces mots de la bouche d'un ancien ministre, qui plus est était en fonction dans son pays au moment des faits. En outre, même s'il existe et existera toujours des voies et moyens de contournement, comme tu l'as mentionné, ils ne seront pas à la portée de tous tes concitoyens. C'est sûr que la plupart d'entre eux n'auront ni les relationnelles interpersonnelles encore moins les moyens financiers nécessaires leur permettant d'envoyer leurs femmes accoucher dans une clinique ou un hôpital au Canada ou aux États-Unis. Tu ne trouves pas ?

— Tu as raison, admit l'État après plusieurs secondes d'hésitation.

Cette remarque suscita en lui un certain inconfort qui serait passé inaperçu, n'eussent été les gouttes de sueur qui perlèrent soudainement sur son front. Il les essuya aussitôt grâce à un petit mouchoir qu'il sortit de la poche gauche de sa veste. Le voyant suer plus que de raison, le médecin se leva et diminua l'intensité de son chauffage avant de rejoindre sa place et de reprendre la discussion. Il se servit de ce subterfuge pour mieux mettre son patient à l'aise.

— Est-ce que tu peux me dire ce qui t'a poussé à faire de la politique ? demanda-t-il aussitôt assis.

— J'ai été très tôt influencé par des idéologies contestataires. Dès le lycée, j'ai commencé à diriger des grèves. C'est à ce moment-là que j'ai trouvé mon chemin de Damas. Je me suis dès lors dit que pour réussir à drainer des foules et à attirer des attentions, il me faut être un bon rhéteur. Ce fut le point de départ de mon amour pour la littérature. Je me suis mis à lire beaucoup de livres parlant de la communication de masses et d'autres domaines similaires pour parfaire mon élocution et ma capacité à convaincre mes auditoires et interlocuteurs. Grosso modo, je peux dire que c'est cette mentalité de gréviste que j'ai acquise très tôt qui m'a poussé à adhérer au parti des jeunes démocrates. L'objectif premier était de faire tomber le parti politique qui s'était ankylosé au pouvoir depuis les indépendances. Nombre de ses membres commettaient toutes sortes d'exactions et d'injustice envers le peuple. Je m'étais dit qu'il fallait faire bouger les choses, que le peuple avait besoin d'une alternance pour se libérer du joug des dirigeants qui l'opprimaient et l'exploitaient en toute impunité.

— Pourtant, à la lumière de ce que tu m'as dit jusque-là dans la gestion des affaires de ton pays et dans les rapports que tu entretiens avec tes citoyens, tu ne sembles pas faire mieux que ceux qui t'ont précédé…

L'état répondit par une moue accompagnée d'un sourire forcé.

— Dans bien des domaines, mon bilan est beaucoup plus coruscant que le leur quand même. Quelque temps après mon arrivée au pouvoir, j'ai fait construire un très bon réseau routier dans le pays. Ce qui permet de mieux relier les régions du nord à celles du sud. Maintenant il faut juste 12 heures de trajet là où l'on mettait auparavant une vingtaine d'heures. J'ai aussi fait construire quatre grandes nouvelles universités sans parler de beaucoup d'hôpitaux qui ont été modernisés et rééquipés…Il y a aussi de très belles avancées en matière de libertés publiques, notamment la liberté d'expression…

— Ce sont de bonnes choses. Mais je trouve peu glorieux qu'un pouvoir en place dans un pays se vante de ses réalisations pour le bien-être du peuple puisqu'il a été élu pour cela, et des moyens colossaux sont mis à sa disposition pour lui faciliter le travail. Ce qui fait pour moi la différence entre les différents régimes ou gouvernements qui se succèdent dans un pays, ce sont l'efficience de leurs actions, la bonne gestion des ressources mises à leur disposition et l'honnêteté de leurs membres.

— Je ne cite pas ces réalisations pour m'en glorifier. Mais je veux juste te montrer que j'ai mieux fait que mes prédécesseurs.

— Pour autant, j'ai l'impression que toi aussi tu tiens ton pays d'une poigne de fer et que tu y exerces un contrôle absolu presque sur tout.

— Non, je ne tiens pas le pays d'une poigne de fer. La preuve en est que les gens y organisent souvent des marches de protestation, il y existe plusieurs partis d'opposition, sans parler du « respect » de la liberté d'expression et les élections libres qui y sont

« normalement » organisées. Mais quand on est à la tête d'un pays, il faut aussi savoir manier le bâton et la carotte. Cela fait partie des réalités du pouvoir. Il n'en demeure pas moins que j'exerce un grand contrôle sur presque tous les organes importants. Mais ce n'est pas de ma faute. Il faut accuser la « démocratie » telle qu'elle est appliquée dans le pays. Tout en laissant de côté une grande partie de notre spécificité sociale et culturelle, notre constitution s'est en grande partie inspirée de réalités occidentales. Je ne mentionne même pas les nombreux changements que mes prédécesseurs y ont apportés pour renforcer leur pouvoir afin de s'éterniser à la tête du pays Donc, si à mon arrivée au pouvoir je trouve sur place des lois et un système qui font mon affaire pourquoi devrais-je les changer ?

— Mais est-ce que tu es d'accord que la gestion des affaires de ton pays est loin d'être bonne, si je me réfère à tout ce que tu m'as dit jusque-là ?

— Je dirais plutôt qu'elle est loin d'être parfaite, chaque mot ayant son sens. Mais, même si je reconnais qu'il me reste beaucoup de choses à faire, et que j'ai failli à quelques-unes de mes missions, de très bonnes actions ont été réalisées dans le pays depuis mon arrivée au pouvoir. Je viens de te donner quelques exemples. Cela étant, mon intention n'a pas changé d'un iota. Il était et reste encore de servir « noblement » mon peuple. Ce qui est une tâche qui est loin d'être aisée. Tu sais, le pouvoir est mystérieux. On dirait que c'est une sorte de catalyseur qui fait éclore les folies et les vices enfouis au tréfonds de l'être humain. Rares sont ceux qui y ont goûté ne serait-ce qu'une pincée et n'en redemandent pas davantage. Plus important que le prestige et les avantages matériels et financiers que tu peux en tirer est le sentiment de puissance presque divine dont tu te sens investi. En un claquement de doigts, tu peux illuminer une vie ou l'assombrir, susciter des espoirs ou les anéantir. Des gens sont à tes services du matin au soir. Il te suffit souvent juste d'appuyer sur un bouton ou de passer un coup de fil pour voir tes vœux exaucés. Tu te crois à la limite un surhomme. Par conséquent, il faut être absolument lucide pour bien gérer le pouvoir, car il corrompt souvent la raison et peut mener facilement à la folie des grandeurs. Ce n'est dès lors pas étonnant que d'aucuns le qualifient d'enivrant. Dans mon cas, il m'a littéralement changé. Je comprends maintenant d'ailleurs la portée de cette phrase d'Abraham Lincoln : « *Presque tous les hommes peuvent faire face à l'adversité ; mais si vous voulez tester la capacité de quelqu'un, donnez-lui le pouvoir* ». J'ai souvent manqué de lucidité, je bats ma coulpe. Mais nombre de mes conseillers y ont été pour quelque chose. À part peut-être deux ou trois, la plupart d'entre eux ne m'ont dit que ce que je voulais entendre face à certaines situations délicates. Je m'en suis rendu compte un peu tardivement...Non...le pouvoir est trop divin pour se trouver entre les mains d'un seul homme dans un pays. D'où la nécessité de garde-fous en guise de contre-pouvoir. Mais malheureusement, même s'il y en a eu chez moi, ils n'ont pas servi à grand-chose puisque toutes les manettes du pouvoir se sont retrouvées entre mes mains : je nomme les hommes devant occuper tous les postes-clefs, dispose depuis toujours d'une majorité absolue quasi automatique à l'Assemblée nationale. Nombre de juges, d'avocats, de magistrats, de directeurs de sociétés stratégiques sont presque toujours acquis à mes causes, fussent-elles injustes. Par conséquent, je ne peux que me sentir tout-puissant. Ce qui m'a poussé à m'enfoncer davantage dans les dédales des immondices du pouvoir où je suis si empêtré que j'éprouve de grandes difficultés pour m'en extirper. J'ai fait iniquement limoger des gens parce qu'ils ont osé me contredire ou me tenir tête même s'ils l'ont fait quelquefois pour le bien du peuple, fait emprisonner des personnes injustement pour les obliger à cesser la lutte qu'elles menaient contre moi. Et, j'ai toujours sur la conscience la mort de ces personnes lors de l'attentat factice qu'on avait fait organiser et l'emprisonnement injuste de l'un de mes opposants qui est mort en prison. Ce qui est encore plus grave pour moi, c'est que je ne peux plus faire machine arrière. Du coup, en plus de me sentir obligé de continuer dans la même logique, je dois tout faire pour me maintenir au pouvoir, quitte à me servir de la violence et du chaos ou à entretenir parfois des pactes faustiens avec ceux qui desservent les intérêts du pays. Car je sais qu'il y a de nombreux procès suspendus au-dessus de ma tête comme une épée de Damoclès. Donc, la perte de pouvoir sera pour moi, pour ma famille et mes partisans synonyme de perte totale, c'est-à-dire de prison pour de longues années. Ce qui me fait encore plus peur ces derniers temps c'est qu'il existe un vent de soif de changement qui souffle dans le pays. La jeunesse, exclue pendant longtemps des débats publics et occupée par des divertissements sciemment financés par le pouvoir, devient de plus en plus consciente et exigeante en matière de justice et de bonne gestion des deniers publics et des ressources naturelles. En outre, la mondialisation et le développement des réseaux sociaux constituent aussi des menaces pour n'importe quel pouvoir, le mien y compris. Donc tout cela a déteint sur ma gestion des affaires du pays. Voilà pourquoi je ne peux avoir un bilan parfait. Mais il faut reconnaître tout de même que j'ai réalisé de belles choses dans le pays.

Le médecin hochait la tête de temps à autre en écoutant son patient. Non qu'il fût convaincu par ses propos mais ceux-ci l'avaient juste aidé à mieux comprendre certaines choses dans son comportement. Il se leva encore une fois, dès qu'il eut fini de parler, fit quelques pas le menant devant la machine à café. Il prépara deux tasses remplies du liquide noir et lui en proposa une. C'était son habitude de boire du café à n'importe quelle heure de la journée. Contrairement à l'État qui n'en prenait généralement qu'à son réveil le matin. C'est pourquoi il déclina poliment son offre. Le médecin rejoignit sa place, une tasse dans la main droite. Aussitôt assis, il entendit un signal sonore émis par son ordinateur. Il jeta un coup d'œil sur ce dernier et vit que c'était un message qui provenait d'un de ses collègues se trouvant au sixième étage. Il lui demandait, autant que faire se pouvait, de passer rapidement à son bureau le voir parce qu'il y avait quelque chose de très important dont ils devaient parler.

— Est-ce que je peux m'absenter pendant deux minutes, dit le médecin à l'État qui avait en même temps que lui entendu le signal sonore annonçant l'arrivée du nouveau message.

— Vas-y, je t'en prie.

— Merci.

— J'arrive dans un instant.

« L'Occident a besoin de dirigeants à sa solde, pas de leaders indociles capables de lui tenir tête. Résister, il n'en est plus question. Que reste-t-il des sacrifices des pères fondateurs, héroïques combattants de la liberté ? Pas grand-chose assurément. Pourtant ces visionnaires ont très tôt compris que la souveraineté politique est le préalable à tout développement. Que vaut l'indépendance si l'on est privé du simple droit de battre monnaie ou de transformer ses propres matières premières ? ».

Boubacar Boris Diop.
La gloire des imposteurs, Philippe Rey, Paris, p.100.
Ouvrage coécrit avec Aminata Traoré.

DEUXIÈME PARTIE

Une dizaine de minutes plus tard, le médecin quitta le bureau de son collègue. En attendant l'ascenseur pour rejoindre le sien, il pensait à la question qu'il devait poser à son patient. Ce qui lui permit de continuer facilement la discussion dès qu'il se fut retrouvé en face de lui :
— Je crois connaître pas mal de choses sur toi et sur ta manière d'exercer le pouvoir, je pense qu'il est maintenant temps de parler des rapports que ton pays entretient avec le monde extérieur.
Il y eut un moment de silence. Et le médecin de reprendre la parole.
— Tiens, il y a une question qui me vient à l'esprit. J'ai voulu te la poser depuis le début, mais je l'oubliais toujours. Dans quelle catégorie est classé ton pays ? Parmi les riches ou les pauvres ? Les développés ou les sous-développés ? Ceux en voie de développement ou les émergents ? Il y a tellement de termes que je trouve parfois si amphigouriques et vides que j'y perds facilement mon latin, dit-il avec le sourire,.
Bien que gêné, l'État se dit qu'il se devait de donner la bonne réponse ; qu'il devait être d'autant plus sincère - quelque indignes que pussent être ses aveux - ; qu'il se

voyait comme un pécheur devant se confesser auprès d'un prêtre, que représentait le médecin, afin de soulager sa conscience qui s'était engourdie à cause de nombreuses choses tues ou inavouées au fil des années.

— En fait…Mon pays est classé parmi les 25 les plus pauvres au monde par le PNUD (Programme ses Nations Unies pour le Développement.)

— Ah oui ?

L'État reprit aussitôt la parole comme pour justifier ce classement. Il ne laissa même pas au médecin le temps de continuer, qui pourtant eût bien voulu ajouter d'autres remarques à sa question.

— En fait, nous sommes certes pauvres, mais nous avons été surtout appauvris par des siècles d'exploitation à travers l'esclavage et la colonisation. Les conséquences de ces crimes contre l'humanité se poursuivent toujours et constituent une sorte de boulet aux pieds de nos pays rendant leur marche vers le développement lourde et difficile.

— C'est sûr que des siècles de colonisation et d'esclavage ne laissent aucun peuple indemne tant sur le plan mental, culturel que financier. Mais les choses doivent avoir changé maintenant puisque vous êtes devenus indépendants. Qu'est-ce vous avez fait depuis que vous avez accédé à l'indépendance ?

— Les choses ont certes changé, mais nous sommes encore de jeunes pays dont les « indépendances » officielles ne datent que d'un peu plus de la moitié d'un siècle. Par conséquent, on cherche encore tant bien que mal nos chemins. Mais ce qui rend notre tâche difficile et très compliquée pour les trouver c'est que l'esclavage et la colonisation, qui nous ont tant fait de mal dans bien des domaines par le passé, ont maintenant cédé la place au néocolonialisme. Et celui-ci s'est affublé d'oripeaux encore plus vicieux et insoupçonnés que sont la coopération internationale, le commerce mondial et le libre-échange prôné, voire imposé aux pays pauvres par les institutions et organisations internationales, qui ne défendent en réalité que les intérêts des grandes puissances. C'est pourquoi certaines anciennes puissances coloniales n'ont plus besoin « d'occuper » leurs ex-colonies pour les exploiter. C'est à distance qu'elles y exercent des manœuvres ténébreuses, car disposant de grands moyens de pression. Bref, nous sommes de pauvres pays riches et des nations indépendantes sans pour autant l'être totalement.

— Autant que je sache, riche et pauvre sont antinomiques, et on est indépendant ou on ne l'est pas : c'est le principe du tiers exclu.

— Je m'explique : nous sommes riches parce que nos sous-sols regorgent de pétrole, de gaz, de diamant et d'or sans mentionner la bauxite et le fer et tutti quanti ; pauvres parce que ne disposant pas de la liberté et des moyens d'en faire profiter totalement à nos populations à cause de la domination que certaines des puissances étrangères exercent directement encore sur nos pays ou par le truchement d'organisations et d'institutions internationales, que Jean Ziegler appelle à juste titre les mercenaires des grandes puissances. Or, comme tu dois bien le savoir et, comme le disait Mongo Béti, « la tutelle et le développement sont incompatibles. Le préalable au déclenchement du processus de développement, c'est la fin de toute tutelle coloniale ou néocoloniale [4] ».

— Je reste toujours confus. Quelque chose semble ne pas tourner en rond. Il faut encore éclairer ma lanterne. De plus, je veux comprendre à qui tu fais allusion quand tu dis « nous » ?

— En disant nous, je fais allusion aux pays qui ont eu sur le continent à peu près le même passé que le mien et qui vivent de nos jours dans à peu près la même situation que lui. Il y en a quelques-uns, pour ne pas dire beaucoup, qui sont aussi classés parmi les 25 les plus pauvres au monde.

— Merci. Ce point est au moins clair. Il me reste toutefois à savoir d'abord pourquoi vous n'êtes pas souverains tout en étant des pays dits indépendants, ensuite de quelle domination vous êtes victimes et enfin pourquoi vous ne tirez pas profit de vos ressources naturelles.

L'État garda le silence pendant quelques secondes puis se força à faire un aveu de taille :

— Dans le cas de mon pays, en sus de certaines organisations internationales et institutions financières qui subordonnent les « aides et prêts » qu'elles nous « pourvoient » à des conditionnalités très difficiles et nous imposent souvent des mesures, des programmes ou plans qui nous sont généralement défavorables, notre principal problème demeure notre ancien pays colonisateur, à savoir la France.

— Donc, ton pays est une ancienne colonie française ?

— Oui, répondit timidement l'État.

---

[4] Mongo Béti, *La France contre l'Afrique. Retour au Cameroun*, Éditions La Découverte, Paris, 1981, p.138.

— Je m'en doutais quand je t'ai entendu manier si bien la langue de Molière, dit le médecin avec un petit sourire.

L'État esquissa aussi un petit sourire avec fierté. Il aimait si bien cette langue qu'il n'avait pas hésité un seul instant de mener la vie dure à ses compatriotes qui prônaient la souveraineté linguistique de son pays. En effet, ces derniers proposaient l'enseignement des langues nationales dès l'école primaire et le remplacement progressif du français en tant que langue officielle du pays par une autre langue parlée au niveau local par plus de 80% de la population. Car beaucoup d'expériences et d'études leur avaient prouvé qu'il est beaucoup plus facile pour les enfants d'étudier et de comprendre ce qu'ils apprennent dans cette langue-là que par le français, qui du reste devait toujours être maintenu et enseigné dans les écoles au même titre que les autres langues étrangères. Au moment de soumettre leur projet aux autorités étatiques, ces « combattants pour la souveraineté linguistique », comme ils se surnommaient, avaient même fourni beaucoup d'études scientifiques et des rapports montrant le bien-fondé de leur proposition. Bien qu'ayant vu ce projet d'un bon œil, l'État, qui est un membre très actif de l'O.I.F. (Organisation Internationale de la Francophonie), y avait opposé une fin de non-recevoir. Les quelques pressions qu'il avait subies venant de son ancien colonisateur étaient en phase avec son désir personnel. Dès lors, il avait choisi de laisser au français la place privilégiée qu'il occupait dans la hiérarchie des langues parlées et écrites dans le pays.

— Dans quel sens la France demeure-t-elle votre

principal problème ?
— Elle n'est toujours pas quitte avec nous. Bien que son départ du continent ait été officiellement annoncé il y a plusieurs décennies, c'est maintenant qu'elle est encore plus présente et influente dans notre pays et dans beaucoup d'autres parmi ses anciennes colonies.
— C'est-à-dire ?
— Elle, via ses grandes entreprises, y exploite entre autres le pétrole, le gaz et l'uranium, y dispose de grandes parts d'actions dans les principales compagnies bancaires et de télécommunications, sans mentionner sa forte présence dans bien d'autres secteurs juteux de notre économie. Par conséquent les bénéfices qu'elle tire de ses nombreuses activités lucratives sont envoyés vers l'hexagone. Ce qui y laisse un grand manque à gagner qui aurait pu profiter aux populations locales.
— Comment est-ce possible ? Si elle est présente dans tous ces secteurs dans ton pays ou dans un autre, c'est qu'on a dû lui en donner l'autorisation. Elle ne peut pas débarquer du toujours au lendemain et occuper ces secteurs importants dans un territoire « souverain ». Donc, je suis désolé mais ta réponse ne me convainc pas.
— En fait, à part quelques secteurs où sa présence est assez récente, dans beaucoup d'autres cette présence ne date pas d'aujourd'hui.
— Elle date de quand alors ?
— De plusieurs décennies. Je vais développer ma réponse, tu vas peut-être mieux comprendre. Ce sont des acquis coloniaux qui perdurent, et dont certains ont même été consolidés au fil des années. Mais aussi les conséquences d'une indépendance inachevée, car ayant été assujettie à la signature « d'accords de coopération »;

L'État déballe tout !

comme peuvent l'attester entre autres les propos du Premier ministre Michel Debré, s'adressant au futur président de l'État gabonais le 15 juillet 1960 : « *On donne l'indépendance à condition que l'État s'engage une fois indépendant à respecter les accords de coopérations signés antérieurement : il y a deux systèmes qui entrent en vigueur en même temps. L'un ne va pas sans l'autre* [5] ». Ces fameux accords sont quasi similaires pour l'ensemble des colonies françaises nouvellement « indépendantes » sur le continent dans les années 60. En plus d'être asymétriques ils ont vidé les indépendances d'une bonne partie de leur substance[6]. C'est ce que fustigeait à juste titre l'écrivain camerounais, Mongo Béti, qui a été tout au long de sa vie un farouche opposant et un dénonciateur de la Françafrique : « *La coopération franco-africaine institutionnalisée est entachée de souillure originelle, qui est aussi une de ses malédictions (...) Ni en France ni en Afrique la coopération franco-africaine n'a été l'objet d'un débat dans aucune des instances de légitimation publique, bien qu'elle comporte des éléments qui, comme la zone franc ou les accords de coopération militaire, impliquaient une cession de souveraineté des États africains, et à ce titre, auraient dû être soumis au référendum des peuples du continent noir. C'eût été l'occasion, pour ces derniers, de soulever les questions posées*

---

[5] Michel Debré, *Lettre adressée à Léon Mba*. Datée du 15 juillet 1960. Cité in Alfred Grossier, *La politique extérieure de la Ve République*, cité par Saïd Bouamama, *Figures de la révolution africaine de Kenyatta à Sankara*, Éditions La Découverte, Paris, 2017, p. 135.
[6] La zone franc reste intacte et la France conserve un droit de veto sur les instituts « africains » d'émissions monétaires ; les avoirs financiers restent contrôlés par le Trésor français ; les entreprises françaises conservent leurs privilèges douaniers, leurs exonérations de longue durée, la liberté de transfert des bénéfices (…) garanties contre les nationalisations et maintien de la présence militaire dans certaines colonies. Ibid. p. 135

par ce mariage audacieux sinon contre nature avec le maître, les liens de la servitude à peine tranchée [7]*».* En plus de s'agripper aux avantages économiques, militaires et financiers...que lui confèrent certains de ces accords, la France, qui n'est pas très dotée en ressources naturelles, garde jalousement son indépendance énergétique qu'elle a entre autres acquise depuis longtemps grâce à la forte et imposante présence de quelques-unes de ses grandes entreprises stratégiques dans les secteurs du pétrole, du gaz et de l'uranium, dans certaines de ses ex-colonies. Dès lors, elle tient à ses intérêts comme à la prunelle de ses yeux. D'autant qu'elle perd de plus en plus ses privilèges et son influence d'antan sur le continent, tant à cause de la concurrence d'autres puissances occidentales que celle des pays émergents tels que l'Inde, la Chine, et de la prise de conscience grandissante des populations locales qui deviennent de plus en plus hostiles à son égard et exigeantes envers leurs dirigeants quant à la gestion des ressources naturelles. Pour ces raisons, la France n'hésiterait pas un seul instant à déclencher des guerres, à financer des rebellions, à raviver des haines à peine éteintes entre communautés, à envahir des pays sous quelque prétexte que ce soit pour préserver ses intérêts sur le continent. Ce sera d'autant plus facile à faire qu'elle y dispose encore de quelques bases militaires, sans mentionner la présence de ses 4000 soldats dans le Sahel pour prétendument y lutter contre le terrorisme. Bien que je ne nie pas l'existence çà et là de quelques groupes terroristes, je dis prétendument parce que je sais qu'il y a l'uranium qu'il faut préserver au

---

[7] Mongo Béti, *La France contre l'Afrique. Retour au Cameroun*, pp.150-151.

Niger pour Areva et beaucoup d'autres ressources naturelles à conquérir au Mali. La longue présence militaire française sur le sol africain y a facilité les nombreuses interventions de l'ancienne métropole depuis les « indépendances » : « *Plus d'une soixantaine d'interventions militaires (…) auxquelles il faut ajouter les interventions officieuses, sous-traitées à des mercenaires (dont les plus connus sont Bob Denard et Paul Barril) et les interventions secrètes (menées par les forces spéciales) ou clandestines (menées par le service Action de la DGSE). Sous prétexte de protection des populations ou sous couvert d'évacuation de ses ressortissants* [8]». Quarante-neuf de ces interventions ont eu lieu en Afrique subsaharienne[9]. Si de toutes les anciennes puissances coloniales (Angleterre, Portugal, Espagne, l'Italie, la Hollande et la Belgique), la France est la seule à s'accrocher hargneusement à ses anciennes colonies sur le continent, c'est parce qu'elle sait que le maintien de son rang dans le monde en dépend en grande partie. Ce qui a fait dire à l'écrivain sénégalais, Boubacar Boris Diop que « *si elle perd l'Afrique, la France n'a plus rien à faire au Conseil de sécurité et je la verrais au même rang que l'Italie et l'Espagne. Personne ne parlerait du "couple franco-allemand!* [10]» Dans le même ordre d'idées, c'est aussi sans doute parce qu'elle garde toujours en mémoire cette mise en garde de François Mitterrand en 1957, lui qui avait été ministre des colonies : « *Sans*

---

[8] *L'armée française en Afrique* : http://survie.org/IMG/pdf/4PAGES-ARMEEFRANCAISE-VF.pdf
[9] Boubacar B. Diop et Aminata Traoré, *La gloire des imposteurs*, p.153.
[10] Interview de Boubacar Boris Diop par le journal *Témoin* publié par Seneplus.com: http://www.seneplus.com/article/nous-intellectuels-et-hommes-politiques-d'afrique-francophone-sommes-totalement-responsables.

l'Afrique, il n'y aura pas d'histoire de France au XXIᵉ siècle[11]». Et, plus proche dans le temps, le contenu du rapport sénatorial – publié en 2013 – dont le titre est pour le moins évocateur : « *l'Afrique est notre avenir* [12]». Par ailleurs, vu qu'elle est membre permanent au Conseil de sécurité de l'O.N.U, par quelque prétexte fallacieux comme celui du devoir d'ingérence et/ou de la lutte contre le terrorisme international - qui est devenue le manteau sous lequel se cachent de nos jours certaines grandes puissances pour assouvir leur soif de ressources naturelles en envahissant des pays faibles où se trouvent leurs intérêts -, la France peut aisément avoir l'adoubement, voire la complicité de cette organisation, qui fait aussi partie des « instruments et moyens » de domination des puissances impérialistes sur les petits pays, comme l'avait si bien dit Frantz Fanon il y a quelques décennies, soutenant que « *L'ONU n'a jamais été capable de régler valablement un seul des problèmes posés à la conscience de l'homme par le colonialisme, et chaque fois qu'elle est intervenue, c'était pour venir concrètement au secours de la puissance colonialiste du pays oppresseur. [...] En réalité l'ONU est la carte juridique qu'utilisent les intérêts impérialistes quand la carte de la force brute a échoué [...] l'ONU dans l'état actuel n'est qu'une assemblée de réserve, mise sur pied par les Grands, pour continuer entre deux conflits armés la "lutte pacifique" pour le partage du monde*

---

[11] *François Mitterrand : Présence française et abandon*, Plon, Paris 1957, p. 237. Cité par Saïd Bouamama, *Figures de la révolution africaine de Kenyatta à Sankara*, p. 129.

[12] Voir https://www.senat.fr/rap/r13-104/r13-1041.pdf: Rapport d'information n° 104 (2013-2014) de MM. Jeanny LORGEOUX et Jean-Marie BOCKEL, fait au nom de la commission des affaires étrangères, de la défense et des forces armées, déposé le 29 octobre 2013.

L'État déballe tout !

[13]». Cela étant, il faut tout de même reconnaître que la France bénéficie aussi de la connivence de quelques dirigeants sur le continent et de celle d'une partie de l'opinion internationale, qui en réalité n'est que le gotha de certains pays occidentaux puissants qui, quelles que soient leurs divergences, sont prêts à faire bloc pour fouler du pied toutes les valeurs qu'ils prétendent vouloir propager dans le monde, quand on touche un tantinet à leurs intérêts qu'ils préservent jalousement et souvent injustement sur plusieurs parties du monde. Voilà pourquoi je te dis que le chemin menant au développement de nos pays est semé d'embûches. Nous sommes confrontés à beaucoup de problèmes liés et difficiles à démêler.

— Incroyable ! Mais qu'est-ce que vos pays ont fait pour faire changer cette situation ? Nous sommes tout de même au 21e siècle, dit le médecin tout en considérant son interlocuteur.

— Il n'y a que deux attitudes à adopter : se révolter ou fermer les yeux et faire comme si de rien n'était, devenant ainsi le complice de l'ancien colonisateur. Mais chacune de ces attitudes comporte des conséquences.

— Laquelle des deux as-tu adoptée ?

À cette question gênante, l'État mit beaucoup de temps à apporter une réponse.

— J'ai opté pour la seconde, dit-il timidement en baissant la tête.

— Tu participes alors à la domination de ton peuple et au pillage de ton pays.

---

[13] Frantz Fanon, "La mort de Lumumba : pouvions-nous faire autrement ?" *Afrique Action*, n°19, 20 février 1960. Repris dans *Pour la Révolution Africaine*, Éd. La Découverte, Paris, 1964.

Ce n'est pas dès lors étonnant qu'il soit classé parmi les 25 les plus pauvres au monde !
— Je ne le nie pas. Mais cela me fait très mal depuis plusieurs années ! Mais que faire ?
— Tu sais mieux que moi ce qu'il faut faire puisqu'il n'existe pas trente-six mille solutions. La seule qui vaille est la rupture totale avec l'ancien colonisateur et les puissances dominatrices. Mais c'est sûr que cette rupture ne se fera pas dans la passivité.
— Je connais bien cette solution depuis longtemps. Mais c'est plus facile à dire qu'à mettre en pratique. Nombre de mes homologues, anciens comme nouveaux, qui l'ont adoptée sur le continent en essayant par exemple de résilier certains contrats de grandes entreprises françaises ou en essayant d'abroger unilatéralement quelques-uns des accords signés par le passé avec l'ancienne métropole ou de se tourner vers d'autres de ses concurrents ont été tout simplement liquidés. Si l'on ne parvient pas à les éliminer, puisque le contexte mondial actuel ne se prête plus à certaines pratiques, des rébellions ou des coups d'État occasionnant effusions de sang, capharnaüm et chaos total ont été fomentés dans leur pays. Ce qui a entre autres donné naissance à des États faillis. De plus, j'ai peur que la France me mène une « guerre économique ». Elle est si présente dans beaucoup de secteurs importants de mon pays que, si elle décidait de boycotter ou de saboter l'économie du jour au lendemain ou de retenir « l'aide financière » qu'elle me donne, je me trouverais dans l'impossibilité de payer mes fonctionnaires à la fin du mois. Il y aurait alors un très grand nombre de chômeurs qui s'ajouteraient aux énormes chiffres

existants. Ce qui mènerait certainement à une révolte populaire qui pourrait me coûter le pouvoir, et qui sait, peut-être la vie.

— Autrement dit, au détriment de ton peuple, tu préfères sacrifier la souveraineté du pays sur l'autel de ton confort personnel, familial, voire partisan ?

Ces propos furent suivis d'un silence que le médecin rompit au bout de plusieurs secondes :

— Je n'aime pas juger les gens en général et mes patients en particulier parce que non seulement ma fonction m'astreint à un devoir de réserve, mais je dois aussi essayer de comprendre ce dont souffrent ceux qui viennent me voir afin de mieux les soigner. Mais toi, ton cas est vraiment spécial. Si spécial que je vais quelque peu déroger à la règle aujourd'hui pour donner plus de sens à notre échange. J'ai appris de Yasmina Khadra qu'« *Il n'y a aucune différence entre celui qui se livre et celui qui refuse de se battre. Je dirais même que si le premier a le courage de sa lâcheté, le second en est totalement dépourvu* [14]. » Donc, je trouve que la position qui tu as prise est loin d'être courageuse, pour ne pas dire lâche. Car tu participes à la domination et à l'exploitation de ton peuple.

— Tu as raison. Je suis d'autant moins choqué par les mots qui tu as employés pour qualifier mon attitude qu'ils sont tout à fait appropriés dans le contexte. D'autre part, c'est aussi pour trouver une solution à mon mal intérieur que je suis venu te voir. Par conséquent, je suis très ouvert à toutes observations et critiques, fussent-elles désobligeantes. Mais sache que la situation est loin, très loin même de me faire plaisir. Au contraire, elle me cause

---

[14] Yasmina Khadra, *La dernière nuit du Raïs*, p. 48.

un grand malaise. Mais que faire ? Je me trouve dans une sorte d'impasse, reconnut l'État, la mine déconfite.

— Que faire ? Je suis désolé, mais tu le sais mieux que moi encore une fois. Tout ce dont je suis toutefois sûr c'est que quand un peuple se lève comme un seul homme et décide de faire face à un « envahisseur » ou néocolonisateur, fût-il le plus puissant au monde, ce dernier ne pourra pas lui résister. Nous avons vu les exemples des Français en Algérie et en Indochine, des Américains au Vietnam et des Russes en Afghanistan. Et l'histoire nous a appris aussi que, à moins d'y être contraint, aucun pays ne renonce jamais volontairement aux avantages et privilèges, aussi minimes soient-ils, qu'il peut tirer d'un autre. C'est aussi valable pour les humains. « *Les limites de la tyrannie s'établissent en fonction de l'endurance des opprimés* [15] ».

Ce disant, le médecin se leva et lui tourna le dos. Il fit deux pas le conduisant devant la bibliothèque. Il en tira un livre qu'il se mit à feuilleter. Au bout de quelques secondes, il trouva la page qu'il cherchait. Car en plus de l'avoir pliée, il avait inséré à côté d'elle un marque-page pour pouvoir la retrouver très facilement. Ainsi procédait-il quand il rencontrait des choses qu'il jugeait intéressantes au fil de ses lectures.

Vivant loin de la banlieue proche de Paris, où se trouvait la clinique, il préférait toujours prendre les transports publics pour se rendre au travail. Il avait peur

---

[15] Frederick Douglas, cité par Christiane Taubira *dans L'esclavage raconté à ma fille*, p. 86.

d'être coincé dans les grands embouteillages pendant les heures de pointe, comme ce fut le cas la première semaine où il avait essayé de faire le trajet en prenant sa voiture. Depuis lors, pour essayer de tromper le temps et la distance, il avait trouvé la parade dans la lecture, qu'il aimait bien du reste depuis le bas âge pour y avoir été initié par son père, qui était professeur de lettres dans une grande université de la capitale française.

Après avoir retrouvé le passage, le médecin y jeta un coup d'œil. À la fin d'une lecture silencieuse, il ébaucha un petit sourire en se disant : « Comme si cette rencontre a été programmée depuis longtemps, comme si je devais montrer cet extrait à l'État. Vraiment le hasard organise bien les choses. » Il se retourna, rejoignit sa place et remit le livre à son patient.

— Jette un coup d'œil sur ces petits passages. On dirait qu'ils n'attendaient que toi.

— Merci, s'empressa de dire l'État.

Il saisit le livre et le dévora très rapidement du regard. Il était lui aussi un féru de la littérature. Sa lecture des classiques dans les domaines de la science politique et de la communication lui avait insufflé le goût de lire. Grâce à sa bonne mémoire, il était capable de retenir des pages entières qu'il pouvait ressortir avec aisance pendant entre autres les meetings, les débats télévisés ou les rencontres internationales pour conquérir et impressionner encore plus les gens qui étaient plus intéressés par ses beaux discours que par ses réalisations concrètes.

Après une première lecture rapide, il prit tout son temps en décortiquant mot par mot dans une seconde lecture. Puis il remit le livre au médecin en disant que ce président est courageux. Le médecin le prit et se mit à lire le texte à haute voix tout en faisant quelques commentaires :

« Dès son accession au pouvoir, Evo Morales met en œuvre une triple stratégie : reconquête des richesses minières et agricoles; lutte contre la misère; destruction du système colonial et édification de l'État national (...). La Bolivie possède les plus importantes réserves de gaz de toute l'Amérique du Sud et d'importantes réserves pétrolières équivalentes à celles du Venezuela. À l'aube du 1er mai 2006, l'avion des forces armées boliviennes transportant le cabinet in corpore prit la direction du site de Carapati, situé à 1200 kilomètres de La Paz. Lorsque Evo Morales et son cortège arrivèrent devant le portail des installations gazières de San Alberto, le directeur accourut et lui demanda lequel des champs gaziers il aimerait visiter [16]».

Écoute bien la réponse qu'il lui donna, dit le médecin avec un petit sourire : « *Je ne suis pas venu pour une visite, mais pour prendre – **au nom du peuple bolivien** – le contrôle de vos installations. Brusquement, le directeur et les cadres occidentaux dirigeants comprirent le sens de la visite de la veille que leur avait faite un groupe d'ingénieurs algériens et norvégiens* [17]».

— Quel geste courageux ! C'est ce genre d'attitude qu'il vous faut prendre dans vos pays pour vous réapproprier vos ressources afin d'en faire profiter à vos peuples. Est-ce à dire qu'il faut agir sur un coup de tête. Évidemment non. Il faudrait bien sûr se préparer, comme ce fut le cas du président bolivien. Je continue :
«*...Agissant au nom de...la compagnie nationale des hydrocarbures, ces ingénieurs avaient prétendu des contrôles*

---

[16] Jean Ziegler, *La haine de l'Occident*, Albin Michel, Paris, 2008, p. 271.
[17] ibid.

de sécurité. En réalité, ils étaient venus installer des appareils sophistiqués rendant impossible tout sabotage des installations par les cadres, ingénieurs et techniciens. Durant cette même journée du 1ᵉʳ mai 2006, partout dans le pays les régiments d'élite de l'armée occupèrent les champs pétrolifères et gaziers, les stations de pompage, les raffineries et les salles de commande électroniques des pipelines... Il serait évidemment absurde de ne voir dans l'expédition d'Evo Morales que la gestuelle d'un cow-boy juvénile (...) **La très complexe opération dite de « rétablissement de la souveraineté énergétique »** *avait été au contraire préparée dans le secret le plus absolu six mois durant, dès le lendemain de la victoire de Morales en décembre 2005* [18]*».*

Tu m'as dit tout à l'heure que nombre de tes homologues qui ont voulu, actuellement de même que par le passé, apporter des changements importants dans les relations entre leur pays et l'ancien colonisateur ont été éliminés. Le même scénario aurait pu se produire pour Evo Morales. Il en était pleinement conscient. Il aurait pu subir le même sort que l'ancien président de l'Équateur :

« *Jaime Roldòs était le président démocratiquement élu de l'Équateur. L'après-midi du 23 mai 1981, devant une foule immense réunie au stade olympique d'Arajualpa, à Quito, il annonça la nationalisation des champs pétrolifères de l'Amazone équatorien (...) après La manifestation, le président, sa femme et quelques-uns des collaborateurs dont il était entouré prirent l'avion pour se rendre à Lojas (...) l'appareil explosa en plein vol* [19]*».*

---

[18] Ibid p.272
[19] *Ibid. p.274*

— Je comprends votre attitude, mais vu entre autres l'exemple bolivien, j'ai du mal à l'accepter. Tout est risqué dans la vie, mais il y a un prix à payer pour conquérir sa souveraineté totale. C'est ce prix qu'avait payé Nasser en décidant en 1956 de nationaliser la Compagnie franco-anglaise du Canal de Suez, symbole de la mainmise étrangère sur son pays[20]. Mossadegh également, le premier ministre iranien, quand il a voulu nationaliser la compagnie pétrolière anglo-iranienne en 1952[21]. Le premier nommé avait eu droit à une guerre menée par la France, l'Angleterre et Israël, et le second avait perdu son pouvoir à la suite d'un embargo mondial sur le pétrole iranien. Cela dit, en tout état de cause, c'est vous qui devez mener votre propre combat pour la reconquête totale de la souveraineté de vos pays. Personne d'autre ne le fera à votre place.

Le médecin se tut pendant quelques secondes avant de reprendre la parole en regardant l'État les yeux dans les yeux :

— Il n'existe pas de fatalité, il faut juste vouloir le changement et mettre en œuvre les moyens que la situation exige pour l'obtenir. Mais la première qualité requise est le courage.

— C'est vrai ! L'expérience bolivienne est intéressante et très inspirante…Mais…encore faut-il avoir le courage de la copier, encore faut-il avoir le courage de la copier…, disait-il, le regard dans le vide.

Le médecin, quant à lui, s'était remis à noter plusieurs choses qu'il avait omis de prendre. Il se servait

---

[20] Amin Maalouf, *Le dérèglement du monde*, p.135. Le Livre de poche 2013
[21] *Ibid. p.133*

de beaucoup d'abréviations afin de gagner du temps. Dès qu'il eut fini, il enchaîna.

— C'est sûr qu'il faut du courage. Mais dis-moi, est-ce que ta population est consciente de cet état de fait ? Car je trouve déraisonnable qu'elle soit au courant de la situation et qu'elle ne fasse rien pour la changer, même si toi, qui es en sa tête, tu sembles résigné.

— Il y a juste quelques petits groupes qui en sont parfaitement conscients. Tu sais, le taux d'analphabétisme est très élevé dans mon pays. Ce qui fait que certaines questions de politique nationale et internationale pointues ne préoccupent qu'une portion de la population. Mais ces derniers temps, les réseaux sociaux et les T.I.C aidant, ces groupes sont devenus très actifs. Ils mènent une campagne de conscientisation pour dénoncer l'omniprésence de l'ancienne métropole dans plusieurs secteurs importants de notre économie. Ils sillonnent le pays pour discuter avec les masses « endormies » afin de les mettre au courant de certaines réalités. Du coup, leur nombre ne fait qu'augmenter de jour en jour. Mais moi ce qui me fait le plus mal dans cela, c'est que je fais tout pour démanteler ces groupes. Pourtant, au fond de mon être, je sais que le combat qu'ils mènent est noble, légitime et très nécessaire. Mais pour les décourager ou les affaiblir, afin d'avoir le satisfecit de la France, je suis parfois allé jusqu'à menacer leur famille, les intimider, les faire suivre par des policiers. À l'usure nombre d'entre leurs militants actifs reculent, s'ils ne changent pas d'activités.

— Incroyable !

Le médecin se mit aussitôt à prendre quelques notes et à réfléchir. Plusieurs secondes passèrent avant qu'il ne reprît la parole :

— Tout dans cette situation me semble irréel et surtout confus. Quitte à me répéter, je vais te poser deux questions. D'abord, pourquoi tu ne démissionnes pas plutôt que de rester au pouvoir et d'agir contre les intérêts de ton peuple ? Ensuite, tout en réprouvant la présence de l'ancien colonisateur dans ton pays, parce qu'il pompe ses richesses, bafoue sa souveraineté, occupe une place très importante dans son économie, tu collabores avec lui en allant même jusqu'à brimer ceux qui lui opposent une résistance pacifique et veulent faire changer les choses. Ne trouves-tu pas cette situation ubuesque et surtout contradictoire ? Je voudrais avoir s'il te plaît des réponses concises parce que j'ai du mal à comprendre ton attitude.

— Je vais te répondre franchement. Pour la première question, outre le fait que mes partisans et ma famille s'opposeraient catégoriquement à ma démission, comme je te l'ai déjà dit, les principales autres raisons pour lesquelles je ne veux pas quitter le pouvoir sont les suivantes : je suis si impliqué dans beaucoup dossiers compromettants que je me dis que j'aurai plusieurs ennuis judiciaires dès le lendemain où je ne serai plus à la tête du pays. De plus, j'ai très peur de me retrouver devant la C.P.I (la Cour Pénale Internationale), comme l'ont été sur le continent certains anciens dirigeants accusés parfois à tort ou victimes de complots ourdis par quelques puissances occidentales. Surtout si l'on découvre les raisons ayant causé la mort de ces deux Occidentaux dont je t'ai déjà parlé. Car la CPI, elle aussi, fait malheureusement partie des instruments de domination de quelques-unes des grandes puissances sur les petits pays comme le mien. Elle est cette cour dont certaines puissances ont refusé de ratifier la charte afin d'avoir les coudées franches pour pouvoir agir en toute impunité dans le monde sans être traduites en justice ; cette cour qu'un petit pays ne peut pas quitter librement sans généralement subir de menaces et de pressions venant de quelques grands pays, dont certains de leurs dirigeants ont semé mort et terreur dans le monde sans jamais être inquiétés. Voilà somme toute les raisons pour lesquelles je ne démissionnerai jamais.

— Merci ! La réponse est très claire. Et pour la question suivante ?

— C'était à propos de quoi déjà ?

— Pourquoi tout en dénonçant la présence de l'ancien pays colonisateur dans ton pays tu collabores avec lui ?

— Merci !

Quand l'État sentit que les révélations qu'il allait faire en répondant à cette question étaient très sensibles, il s'arrêta et prit un moment de réflexion…

— Bien que je sois loin de douter de ta sincérité et de ton honnêteté, j'aimerais pour autant que ce je vais te dire ne laisse aucune trace puisqu'il s'y trouve des aveux que je n'ai jamais faits de ma vie. Par conséquent, je préférerais que tu ne prennes pas de notes.

— Je te comprends, dit le médecin en posant son stylo sur la table.

— Merci de ta compréhension. En fait, je collabore avec l'ancienne puissance coloniale parce que je lui suis très redevable. Car, par divers moyens très efficaces que je préférerais ne pas révéler, elle a beaucoup contribué à mon arrivée au pouvoir. De plus, certains de ses hauts responsables m'ont fait écouter un jour des bandes sonores montrant mon implication dans la mort d'un opposant décédé en prison, où je l'avais fait iniquement incarcérer. En outre, ces mêmes personnes détiennent aussi des preuves tangibles de ma possession de plusieurs biens immobiliers et de quelques comptes bancaires bien fournis dans leur pays. Ce qui en soi n'est pas interdit. Mais les biens sont si colossaux pour appartenir à un dirigeant dont le pays est classé parmi les 25 nations les plus pauvres au monde. Or, je ne veux pas que mes avoirs soient gelés, que ma liberté de mouvement soit restreinte parce que certaines grandes puissances peuvent à tout instant - comme si elles disposaient d'un droit de vie et de mort sur les dirigeants de petits pays comme le mien - geler les avoirs de ces derniers et leur interdire l'accès à leur pays. Donc, les dirigeants français disposent de beaucoup de moyens de pression sur moi pour me faire chanter. Du coup, je suis obligé de leur obéir, dussé-je le faire au détriment de mon peuple. Par ailleurs, chacun trouve son compte dans les relations ambiguës que nous entretenons. Pour eux, ce qui importe c'est que les intérêts de leur pays soient saufs dans le mien et pour moi…

À cet instant-là, le médecin arrêta son interlocuteur.

— Excuse-moi de t'interrompre. Mais je voudrais juste savoir ce que tu entends par « leurs intérêts soient saufs ».

— Je veux dire par là que ce qui compte pour les dirigeants français c'est que les entreprises de leur pays soient mieux traitées et privilégiées que les autres dans l'octroi et la signature des contrats pour l'exploitation des ressources naturelles et l'exécution des grands chantiers dans mon pays, que des tarifs préférentiels soient accordés à la France quand elle achète nos matières premières, et surtout qu'on s'adresse à elle d'abord avant de se tourner vers un quelconque autre pays étranger quand il s'agit de vendre les meilleurs produits que nous exportons.

— Waouh ! Et tu as accepté tout cela ?

— Que faire d'autre ? Je n'ai plus le choix. Au début je montrais quelques réticences, mais quand je pense que ce pays m'a aidé à arriver au pouvoir, et surtout depuis que j'ai découvert que certains de ses dirigeants me tiennent par un bon bout, je me laisse faire. Mais sache que cela me fait très mal. Je ne suis pas fier de moi du tout.

— Et toi, quels profits tires-tu de vos relations que tu as toi-même qualifiées d'ambiguës ?

— Le premier avantage que je tire de ces relations est que la France va tout faire pour que je me maintienne au pouvoir.

— Elle ne doit pas en être capable puisque c'est ton peuple qui t'a élu, et c'est lui seul qui peut décider de renouveler la confiance qu'il a placée en toi. À moins qu'il existe d'autres méthodes d'élection que j'ignore.

— C'est vrai. Mais c'est plus complexe que cela. Tu sais, pour être restée dans notre pays pendant plus d'un siècle en tant que puissance colonisatrice et même néo-colonisatrice - je peux le dire sans honte parce que c'est la triste vérité - elle y exerce encore une certaine influence tant sur le plan économique que politique. Ce qui n'est pas rien. Qui plus est, elle m'aide financièrement et matériellement. Surtout en matière de renseignements au niveau national aussi bien qu'international et dans d'autres domaines stratégiques très confidentiels que je préférerais taire. Mais je ne suis pas dupe. Je sais que ce ne sont pas pour mes beaux yeux qu'elle le fait. Au contraire, c'est juste parce qu'elle a peur que ses intérêts soient menacés dans le pays. D'autant qu'elle est très consciente qu'il y existe de plus en plus de mouvements de protestation qui lui sont très hostiles. Ces mouvements sont souvent portés par des jeunes nés bien après les « indépendances ». Ceux-ci ne connaissent pas de complexe d'infériorité vis-à-vis de qui que ce soit, comme ont pu l'éprouver quelques-uns de leurs parents et grands-parents. Ils habitent un monde ouvert et globalisé, et plusieurs d'entre eux ont été formés dans quelques-unes des meilleures universités au monde. Par conséquent, ils comprennent mal que leur pays « indépendant » soit soumis à un autre, quel qu'il soit. Dès lors ils demandent, voire exigent des changements dans la manière de faire du pouvoir dans les rapports qu'il entretient avec les grandes puissances en générale, et l'ancienne puissance coloniale en particulier, parce qu'ils jugent qu'elle occupe une place privilégiée dans beaucoup de secteurs névralgiques du pays. Ce qui devrait normalement revenir aux populations locales. J'ai été déjà interpellé plusieurs fois sur cette question par des dirigeants de ton pays. Je les rassure souvent, et ils voient aussi des résultats concrets sur le terrain dans le combat que je mène contre ces mouvements-là. Du coup, ils font tout ce qu'ils peuvent pour que je me maintienne au pouvoir. Ils le font d'autant plus « volontiers » qu'ils connaissent bien les idées prônées par mes principaux opposants. Et, ils sont conscients que tout changement de régime serait synonyme d'un saut dans l'inconnu, une menace pour leurs intérêts, parce qu'ils auront du mal à trouver quelqu'un qui serait prêt à leur accorder les faveurs qu'ils peuvent avoir de ma part. Nos rapports sont devenus « gagnant-gagnant ». Mais je ne suis pas naïf, tant s'en faut. Je suis tout à fait conscient de la Théorie des 3 **L**. En général, dans les rapports qu'ils entretiennent avec nombre de leurs homologues des pays du sud, les dirigeants des grandes puissances impérialistes appliquent cette théorie-là envers les premiers nommés; c'est-à-dire, ils les "lèchent" quand ils ont besoin d'eux et de leurs ressources naturelles, les lâchent lorsqu'ils ne leur sont plus utiles avant de finalement souvent les lyncher quand ils deviennent très encombrants en découvrant leurs secrets et en disposant de certaines preuves de leurs pratiques perverses. Je suis d'autant plus méfiant des dirigeants de ton pays que j'ai été témoin par le passé de ces trois étapes dans les relations qu'ils ont eu à entretenir avec quelques-uns de mes anciens homologues avec qui j'avais d'ailleurs de très bons rapports. Par conséquent, j'essaie moi aussi de mon côté de prendre toutes mes précautions en cumulant entre autres des preuves tangibles, à travers des enregistrements, des photos et des écrits pour mieux consolider ma position et me protéger, et surtout pour avoir un tant soit peu « de moyens de chantage » sur eux. Tu vois donc que nos relations sont vraiment une « collaboration dans la méfiance ». Et je ne suis pas le seul sur le continent parmi les anciennes colonies de la France à adopter pareille position vis-à-vis d'elle.

— Hallucinant ! Si j'ai bien compris tout ce que tu viens d'expliquer, pour sauver ta peau, celle de ta famille et de tes partisans, tu as préféré « vendre » ton pays à la

France ?

— Vendre, c'est quand même exagéré. Disons que je prends souvent des positions qui lui profitent plus qu'à mon peuple, répondit l'État, très gêné.

— Donc, tu n'as pas à te plaindre de cette situation puisque c'est toi qui la veux ainsi.

— Si je me plains, c'est parce que cela me fait très mal. Je suis embarqué dans un jeu morbide que je ne maîtrise pas. Cela fait partie de ce qui me ronge intérieurement. J'ai besoin d'en parler pour me soulager la conscience...

Malgré sa « dureté » et son flegme habituels, l'État craqua en laissant couler des larmes, qui semblaient de loin d'être celles de crocodile. Il était pris de remords et avait mal dans sa peau. Mais ces larmes ne suscitèrent guère la compassion du médecin, au contraire...

— Je suis désolé, mais c'est de l'égoïsme pur et dur, voire du cynisme. Ce que je ne comprends pas c'est pourquoi vous ne vous liguez pas comme un seul homme - les anciennes colonies françaises se trouvant dans la même situation - pour balayer cette ancienne métropole devenue très encombrante. Si vous le faites séparément, ça peut être difficile et dangereux pour vous. Même si ce n'est pas impossible. Je te donne un exemple concret : celui de Cuba. Si cette petite île a pu résister à la grande Amérique pendant plusieurs décennies, vous devriez pouvoir faire face à la France qui n'a pas la puissance des États-Unis. J'ai de l'admiration pour ce petit pays quoi qu'on ait pu dire sur le Commandante, Fidel Castro. Ce dernier n'était pas certes un enfant de chœur, mais il a rendu son peuple fier ; ce, malgré l'inique et l'impitoyable embargo et les nombreuses tentatives de déstabilisation politique et économique que les États-

Unis ont fait, et font encore subir à son peuple, et les innombrables tentatives d'assassinats auxquelles il a échappé.[22] Les Cubains ont réussi à réaliser beaucoup de belles choses que bien des pays n'auraient pas accomplies s'ils avaient été dans la même situation qu'eux.

Ce disant, le médecin prit la souris de l'ordinateur devant lui et se connecta à Internet. Puis il accéda à sa boîte courriel où il avait créé un dossier spécial où il rangeait précieusement les liens des articles intéressants qu'il trouvait pendant ses nombreuses lectures en ligne. Une fois qu'il a ouvert le fichier qu'il avait soigneusement enregistré sur un page Word, il copia le lien de l'article qu'il y cherchait et le colla sur la barre d'outils avant d'appuyer sur le bouton "Entrée". Il attendit quelques secondes avant que la page ne s'affichât. Il tourna l'écran de l'ordinateur vers l'État, poussa la souris vers lui et demanda de jeter un coup d'œil sur l'article. Puis il s'éclipsa afin de lui laisser le temps de la lire…

« En 1959, le pays comptait trois universités, contre plus de soixante aujourd'hui. Le taux d'alphabétisation a bondi d'environ 70 % à plus de 99 % en 2012. Dorénavant, La Havane exporte des médecins et des chercheurs dans le monde entier. Ces succès de Cuba dans le domaine biomédical s'expliquent en grande partie par les efforts de l'État en matière d'éducation publique (qui représentent plus de 10 % du produit intérieur brut). Le pays fait aujourd'hui jeu égal avec les États-Unis en ce qui concerne l'espérance de vie (78,5 ans) et la mortalité infantile (5 pour 1 000). Les médecins constituent

---

[22] Ces 638 fois où la CIA a voulu se débarrasser de Fidel Castro : http://www.lemonde.fr/ameriques/article/2016/11/26/ces-638-fois-ou-la-cia-a-voulu-se-debarrasser-fidel-castro_5038675_3222.html

ainsi une véritable manne économique pour l'île (première source de devises, devant les envois d'argent et le tourisme). Grâce à un accord conclu en 2000 avec le Venezuela d'Hugo Chávez, l'île a longtemps reçu jusqu'à cent mille barils de pétrole par jour (à prix subventionné) en contrepartie desquels plus de dix mille médecins et universitaires cubains travaillent sur le sol vénézuélien [23]».

Très concentré, l'État parcourut le texte rapidement. Sa lecture finie, il traîna un regard attentif un peu partout dans le bureau du médecin. Il se baissa même pour regarder sous la table. Rompu qu'il était aux coups bas et aux coups de Trafalgar, il voulait s'assurer qu'il n'y avait pas de micro et de camera dissimulés quelque part dans la pièce pour enregistrer ses révélations puisqu'il estimait en avoir peut-être trop dit, encore qu'il fût content et satisfait de se confier. Mais il voulait que tout ce qu'il avait dit ne laissât nulle part de traces. La paranoïa le hantait toujours. Les larmes qu'il avait laissé couler un instant plus tôt lui firent un énorme bien.

Dix minutes plus tard, le médecin réapparut. Il reprit sa place et en même temps que la discussion :

— Tu as vu. En plus de tenir tête à la plus grande puissance mondiale pendant plusieurs décennies, cette petite île est parvenue à faire de très belles réalisations qu'on ne trouve pas dans beaucoup de pays dits pourtant très développés. Ne parlons même pas de ceux qui sont classés parmi les vingt-cinq les plus pauvres au monde.

— Tu as raison. Je suis content de voir ce travail remarquable effectué dans un petit pays sous embargo

---

[23] Romain Ligneul : Étonnante usine à cerveaux https://www.monde-diplomatique.fr/mav/155/LIGNEUL/57921

depuis plusieurs années. Mais sache que, à part peut-être le passé colonial, nous n'avons pas grand-chose en commun avec Cuba.

— Peut-être. Mais avec un leader patriote, sa population a dû se battre pour s'en sortir. Se trouvant sous embargo, le pays savait et sait encore qu'il n'a que lui-même sur qui compter. Dès lors il a fait preuve de courage, de résilience et d'abnégation pour en arriver là. J'ai même lu quelque part que par le passé Fidel Castro avait même envoyé des milliers de soldats et de l'aide médicale dans plusieurs pays en lutte contre les puissances impérialistes, sans parler des nombreux étudiants qu'il recevait dans les universités de son pays. Ce n'est donc pas étonnant que celui-ci ait été choisi comme destination par Nelson Mandela, après sa libération, pour sa première visite officielle à l'étranger. Le premier président noir de l'Afrique du Sud a d'ailleurs rendu un bel hommage au pays et à son leader légendaire : « *Pendant toutes ces années en prison, Cuba été ma source d'inspiration et Fidel Castro mon pilier (…) [Les victoires de Cuba] ont fait voler en éclats le mythe de l'oppresseur blanc [et] ont inspiré le peuple en lutte d'Afrique du Sud […] Elles ont été un moment décisif de la libération de notre continent – et de mon peuple – du fléau de l'apartheid. Quel autre pays que Cuba peut s'enorgueillir d'un tel altruisme dans ses relations avec l'Afrique* [24] ». En plus d'être la preuve vivante qu'un petit pays peut tenir tête à une grande puissance étrangère conquérante et déstabilisatrice, Cuba a aussi montré qu'on peut développer les secteurs vitaux et essentiels dans son pays

---

[24] Noam Chomsky, *L'optimisme contre le désespoir. Entretiens avec C.J. Plolychroniou*, Lux Éditeur, Montréal, 2017, p. 98.

grâce à ses ressources internes. Mais pour cela, il faut être prêt à faire beaucoup de sacrifices en plus d'être animé d'une ferveur patriotique. Oui, il faut du patriotisme, encore du patriotisme et beaucoup de patriotisme. L'État baissa la tête, quand il entendit le médecin insister sur le mot patriotisme. Il se dit qu'il lui était certainement destiné. Il fit rapidement une petite autocritique avant de continuer la discussion.

— Je vois que ce pays te fascine, dit-il avec le sourire. Mais, encore une fois, nous n'avons pas eu les mêmes trajectoires par le passé et nous ne vivons pas non plus les mêmes réalités actuellement. De plus, Castro était un grand dictateur.

— Je sais qu'il n'était pas un enfant de chœur, et que tout était et est encore loin d'être rose dans son pays, mais j'aimais bien son côté rebelle et d'insoumis. De plus, s'il est dépeint comme un grand dictateur en Occident en général, à sa mort il a reçu de vibrants hommages venant de plusieurs autres pays du Sud où il est encore adulé et considéré comme un résistant à l'impérialisme occidental. Donc, il est vu par les uns comme un dictateur et un résistant par les autres. Cela se comprend, Castro ne courbait pas l'échine devant qui que ce fût. Or, comme on le sait : « *l'Occident n'aime pas qu'on lui ressemble, il aime juste qu'on lui obéisse*[25], » pour reprendre les propos d'Amin Maalouf. Castro n'était pas du genre à obéir. On peut mettre cette qualité et les prouesses qui ont été réalisées dans son pays de son vivant à son actif quand même. Je ne suis pas en train de faire son dithyrambe. Mais il faut rendre à César ce qui lui appartient. Tout n'a

---

[25] Amin Maalouf, *Les identités meurtrières*, Le Livre de Poche, Paris, 2001, p.90.

pas été sombre chez ce personnage. Tant s'en faut. Je te parle en connaissance de cause. Car j'ai visité son pays à maintes reprises en tant qu'étudiant de même que quand j'ai commencé à exercer mon métier, tant j'ai été toujours fasciné par son développement médical. J'ai eu la chance d'y découvrir de nombreuses choses en plus d'avoir beaucoup échangé avec presque toutes les couches de la société. J'ai rencontré un peuple fier. Mais hélas les médias occidentaux ne parlaient et ne parlent encore souvent que de la face nocturne de l'île - comme il en existe d'ailleurs dans tous les pays. Ils se focalisaient plus sur les tares de Fidel Castro que sur les grandes réalisations sous embargo. Quant à vous, les dirigeants compradores sur votre continent peuvent bien s'inspirer de ce petit pays ainsi que de la Bolivie. Le premier pour apprendre de sa résilience et de son courage et le second pour tirer des leçons entre autres de la reconquête de sa souveraineté énergétique. Car je vois, à la lumière de ce qui tu m'as dit, que vous êtes encore soumis. Je n'excuse pas pour autant votre grande part de responsabilité dans votre soumission.

— C'est vrai que ces deux pays ont eu des expériences enrichissantes dont on peut s'inspirer. Mais je demeure optimiste quant à l'avenir du continent africain en général. Cela pourrait prendre beaucoup de temps, mais je sais que la situation va changer. Et ce sera à la jeune génération d'apporter et de porter ce changement. Je la vois motivée et animée d'une ferveur quasi religieuse pour faire bouger les choses. Les seuls problèmes auxquels elle est présentement confrontée sont des dirigeants de mon engeance qui lui mettent les bâtons dans les roues parce que voulant éternellement restez au pouvoir, durent-ils, pour ce faire, s'allier aux ennemis de leur pays. J'en suis parfaitement conscient et cela me fait très mal d'en parler. En sus de cela, notre passé difficile ne cesse de nous hanter et les politiques néolibérales prônées par les organisations et institutions internationales nous causent beaucoup de tort. Ce qui fait qu'il nous sera difficile de suivre les exemples de Cuba et de la Bolivie. Je vais essayer de te donner quelques informations pouvant t'aider à mieux comprendre...

Cette phrase aiguisa toute la curiosité de médecin. Il se redressa bien sur sa chaise et lui tendit une oreille attentive.

— Je t'écoute. Moi je veux d'autant plus savoir que votre situation me semble très incompréhensible, sinon absurde.

Et l'État de se mettre à parler :

— Nous vivons dans un monde complexe, où la souveraineté de beaucoup de pays s'érode au profit des institutions de Bretton Woods, à savoir le Fonds Monétaire International (FMI) et la Banque Mondiale ; sans parler de l'OMC (Organisation Mondiale du Commerce) et de l'O.C.D.E et de ceux que Jean Ziegler appelle « *les cosmocrates - ces seigneurs féodaux, ces nouveaux despotes qui sont les sociétés transcontinentales privées de l'industrie, de la banque, des services et du commerce* [26]». Cette pensée de Michel Piquemal semble bien résumer cette situation : « *Il y a longtemps que le vrai pouvoir n'est plus dans les urnes. Il plane bien au-dessus d'elles, dans nos institutions dont les membres ne sont pas éligibles : notre FMI, notre OCDE, notre OMC, notre banque*

---

6 Jean Ziegler, *L'empire de la honte*, Édition Fayard, Paris, 2008, p. 35.

mondiale, qui mènent la vraie marche de la planète. Les démocraties sont de belles coquilles vides ».

N'ayant de comptes à rendre à aucun peuple, car ne disposant pas de dirigeants élus, ces puissantes institutions et organisations internationales imposent, tels des diktats, à certains petits pays comme le mien, des programmes assortis de conditionnalités qui leur sont souvent très préjudiciables avant de leur venir en « aide » ou de leur « prêter » de l'argent. Ce qui leur est d'autant plus facile à faire qu'elles sont souvent les bras armés des grandes puissances. Ce qui est peut-être « compréhensible » dans la mesure où ce sont elles qui les financent. Mais le principal problème est qu'elles en font souvent des instruments de domination leur permettant d'asseoir leur emprise sur les pays pauvres, mais riches en ressources naturelles afin de mieux les exploiter. Les programmes d'ajustement structurel faisaient partie de leurs nombreux et dévastateurs programmes. Censés tirer d'affaire les pays où ils ont été appliqués, ils leur ont généralement causé tant de mal sur le plan économique et social. Cuba n'a pas connu cela, à moins que je ne me trompe. D'ailleurs, si ma mémoire est bonne, le pays a quitté le FMI depuis 1964.

— Ah ! le monde est cruel ! Nous vivons dans une vraie jungle, où beaucoup de grandes puissances prospèrent grâce aux ressources des pays pauvres qu'ils tiennent en joue et ne cessent de les enfoncer dans les bas-fonds du dénuement. Pour autant, je vois que tu es un fervent adepte de la « théorie du complot ». À t'entendre parler, j'ai l'impression que tous les malheurs dans nombre de vos pays sur ton continent viennent des autres : les grandes puissances, les institutions et organisations internationales, les multinationales, etc. Ce qui est loin d'être le cas.

— Non, je ne veux pas dire que les autres sont à l'origine de tous les maux actuels dont souffrent nos populations, parce que nombre d'entre nous autres dirigeants y ont une grande part de responsabilité. Mais je souhaiterais juste qu'il soit clair dans les esprits que les conséquences de cinq siècles de soumission à travers l'esclavage et la colonisation ne peuvent pas s'effacer d'un trait, et en un jour. Au contraire, c'est parce qu'elles perdurent que les pays où ces deux pratiques odieuses avaient eu lieu sont encore sous la « domination » de certaines grandes puissances, des institutions et organisations internationales et de quelques multinationales. Je ne fais pas dans la victimisation, tant s'en faut. Mais j'ai constaté que, depuis quelques années, il existe une sorte de vague de propagande et de désinformation poussant nos frères sur le continent à avoir honte d'eux-mêmes et de leurs conditions d'existence ; et surtout à avouer que le sous-développement économique dont souffrent certains de leur pays est de leur entière faute afin de les obliger ainsi à dédouaner l'Occident de sa part de responsabilité à travers l'esclavage, la colonisation, le néocolonialisme et certaines politiques actuelles que mènent quelques-unes des institutions et organisations internationales à sa solde. Cette situation me fait souvent penser au complexe de Néron dont parlait Albert Memmi[27]. Pour légitimer leurs pillages des pays « asservis » et défendre leur rôle d'usurpateurs, les colonisateurs, par le passé, et les

---

[27] Albert Memmi, *Portrait du colonisé, portrait du colonisateur*, Gallimard, Paris, 2002, p.72.

néocolonisateurs, de nos jours, ont échafaudé toutes sortes d'arguments et de théories pour « rendre licites » leurs agissements afin de se donner bonne conscience. Autrefois, les premiers nommés se cachaient derrière le manteau de la supériorité raciale et de la mission civilisatrice qui en était un corollaire pour conquérir des pays. Mais vu que tout le monde sait maintenant que leurs arguments sont scientifiquement faux et fallacieux, politiquement incorrects et anachroniques, leurs successeurs ont changé de stratégies. Ils dénigrent les pays « soumis » ou à « soumettre » en dénonçant certaines de leurs pratiques soi-disant "barbares", leur inaptitude à exploiter et à utiliser convenablement leurs propres richesses et leur propension à la dictature et à la corruption. Et en même temps ils louent le développement technologique et économique et la « démocratie » dans leur pays et n'hésitent pas à falsifier ou à réécrire l'histoire pour servir de basses fins. Du racisme biologique, ils sont passés au racisme culturel. Les périodes changent, mais les pratiques demeurent sous d'autres formes. Rien de nouveau sous le soleil.

— Je vois…Mais est-ce que tu peux m'expliquer en quoi consistaient ces programmes d'ajustement structurel que tu as mentionnés tout à l'heure. Je ne les connaissais pas quoique j'en aie déjà entendu parler.

L'État resta coi. Il fixa le plafond comme pour chercher ses mots. Ceux-ci semblèrent retrouver leur clarté dans son esprit au bout de plusieurs secondes.

— La définition qui me vient à l'esprit est celle qu'en a donnée l'altermondialiste malienne, Aminata Traoré. Je la trouve d'ailleurs très pertinente.

— C'est laquelle ?

— «*Les programmes d'ajustement structurel (PAS) désignent les politiques que se voient imposer les pays en développement par le FMI et la Banque Mondiale en échange de leur aide financière. Ces politiques comportent des mesures conjoncturelles d'austérité (baisse des dépenses publiques, augmentation des impôts...) et des mesures dites structurelles d'ouverture des frontières, de libéralisation et de privatisation. Pour obtenir l'équilibre à court terme de leur budget, ces pays sont conduits à sacrifier leur investissement à rendement de long terme (infrastructure, santé, éducation...) qui conditionnent leurs seules chances de démarrage, cependant que leurs économies, peu compétitives, doivent s'exposer à la concurrence des pays les plus développés* [28]».

Ces programmes ont eu de graves conséquences, à bien des égards, dans beaucoup de pays où ils ont été appliqués. En plus d'y avoir contribué à l'effondrement d'une certaine classe moyenne et à la massification du nombre de chômeurs en obligeant les fonctions publiques - qui y sont souvent les plus grandes pourvoyeuses d'emplois - à geler leurs recrutements tout en promouvant la politique de départs volontaires afin de dégraisser la masse salariale, ils ont poussé beaucoup de jeunes à crapahuter sur les chemins tortueux et hasardeux de l'émigration et ont fait de leur pays des concurrents directs des puissantes multinationales en les obligeant à libéraliser leur économie. Cette médecine de cheval, comme l'a dit Aminata Traoré en parlant de ces programmes, a été aussi dévastatrice pour les systèmes de santé et d'éducation déjà chancelants dans beaucoup de ces pays. Car les pouvoirs publics devaient moins y

---

[28] Aminata Traoré, *Le Viol de l'imaginaire*, Actes Sud,/Fayard, Paris, 2001 p.34.

L'État déballe tout !

intervenir pour mieux contrôler leurs dépenses afin de rembourser leurs dettes. C'est dans le même sillage que s'était inscrite la dévaluation de notre monnaie, le Franc CFA. Bien que les présidents des pays concernés se fussent totalement opposés à sa dévaluation jusqu'à la dernière minute, ils avaient dû l'accepter à leur corps défendant, car n'ayant pas eu le choix. Ils étaient juste consultés, mais leurs avis n'étaient pas importants encore moins contraignants. Comme l'attestent les propos de deux d'entre eux, et non des moindres : « *Comme l'on dit, la force prime souvent sur le droit. Je n'étais pas le seul à formuler cette mise en garde, mais la France....en a décidé autrement. Les voix africaines n'ont pas compté pour grand-chose dans cette affaire* [29] ».

« *Nous avons fait l'objet de menace (…) Franchement, on n'était pas contents (…) Mais le communiqué final était prêt, mais il n'y avait rien plus rien à faire. C'était un diktat, un deal de la France avec le FMI et la banque Mondiale* [30] ». Cette seconde déclaration prouve que les Institutions de Bretton Woods agissent de mèche avec les grandes puissances, et qu'elles aident ces dernières à perpétuer leur domination sur les petits pays. Ça, ce n'est pas une théorie du complot, mais ce sont des faits avérés. D'ailleurs, pour le grand économiste, Pouémi, le FMI n'est rien d'autre que le Fonds de Misère Instantanée dont la fonction est d'aider « *à contenir les ambitions des pays d'Afrique, d'Amérique latine et d'Asie qui aspirent à un mieux-être, désormais admis comme condition sine qua non de*

---

[29] E. Eyadema Gnassingbé, *Jeune Afrique* N° 1841, du 17-23 avril 1996, p.38.
[30] Propos du Président Omar Bongo, cité par Antoine Glaser et Stephen Smith, *Comment la France a perdu l'Afrique*, Calmann-Levy, Paris, 2005, p.121.

la paix, mais inacceptable, parce qu'il implique au moins un ralentissement du rythme de la consommation en Occident [31]». L'altermondialiste malienne, Aminata Traoré, abonde dans le même sens en déclarant que « *les nations riches et les institutions financières internationales forment depuis longtemps une coalition contre les peuples anciennement colonisés, dont elles ont besoin comme parts de marché pour écouler leurs biens et services et pour se ravitailler en matières premières à bas prix* [32]». Cela dit, ce que j'ai trouvé d'autant plus paradoxal avec les programmes d'ajustement structurels, c'est que dans beaucoup de pays où ils ont été appliqués, il y a eu des chiffres de croissance économique au niveau national. Mais dans la réalité cette croissance n'a pas eu de réels effets ou de changements dans le quotidien des populations. Si je te raconte tout cela, c'est pour te montrer qu'il y a certaines choses qui différencient nos pays de la Bolivie et surtout de Cuba pour que nous puissions suivre leurs exemples qui sont du reste très courageux et enrichissants.

— Les mots me manquent pour qualifier ce que vivent nombre de vos pays. J'ai juste vraiment pitié de leurs populations qui sont prises en tenaille entre la

---

[31] Joseph Tchundjang Pouémi, *Monnaie, Servitude et Liberté : La répression monétaire de l'Afrique*, Éditions Menaibuc, Paris, 2000, p.192.
[30] Aminata Traoré, *Le viol de l'imaginaire*, p. 24.

lâcheté, la cupidité et l'appétit insatiable du pouvoir de certains de leurs dirigeants et le cynisme du capitalisme impérialiste occidental...Comment as-tu pu faire face à ton peuple après la dévaluation de votre monnaie et la mise en œuvre des programmes d'ajustement structurel ?

— Je n'étais pas encore au pouvoir à cette époque-là.

— Ah, je vois. Tiens, cela va me servir de transition. Explique-moi comment tu es parvenu au pouvoir. J'aurais dû te le demander depuis le début. Mais, comme je te l'ai déjà dit, ne disposant pas de plan, je suis obligé de passer parfois du coq à l'âne.

— Je me dis souvent que je suis arrivé au pouvoir par un concours de circonstances. Ce fut moins par ma stratégie que par les fautes répétées de mes prédécesseurs. Ceux-ci brimaient le peuple et pillaient les richesses du pays en toute impunité pendant plusieurs décennies. Un an environ avant les présidentielles ayant vu mon arrivée au pouvoir, ils avaient commis la monumentale erreur de réprimer dans le sang une grande manifestation dont les acteurs ne réclamaient rien d'autre que de meilleures conditions de vie et un plus grand respect des libertés publiques. La nouvelle ayant fait le tour du monde, « la communauté internationale » avait les yeux rivés sur les scrutins qui devaient avoir lieu dans le pays. Beaucoup d'observateurs internationaux y avaient été dépêchés pour la première fois pour superviser les élections. Par conséquent, elles se déroulèrent dans des conditions relativement transparentes contrairement à ce qui se passait d'ordinaire. C'est grâce à « cette transparence relative », au soutien actif, mais très discret de la France et au besoin de changement auquel aspirait la population que je fus porté au pouvoir. C'était d'autant moins compliqué pour moi que j'étais le candidat le plus expérimenté de l'opposition qui, sauf quelques partis, avait fait bloc derrière moi. Depuis lors je suis aux commandes. Voilà pourquoi je te dis que je suis arrivé au pouvoir grâce à un concours de circonstances. C'est un phénomène que l'on voit de plus en plus de nos jours. Certains dirigeants perdent le pouvoir à la suite d'un attentat qui survient à quelques jours des scrutins, et qui fait changer toutes les intentions de vote à la dernière minute; d'autres le perdent à cause de mensonges flagrants découverts à quelques jours des élections ; d'autres encore à cause de détournements de deniers publics dévoilés au grand jour peu de temps avant les élections. Il faut tout de même être vigilant parce qu'il peut aussi toujours y avoir une grande part de manipulation dans ces phénomènes, qui sont généralement très vite relayés sur les réseaux sociaux. Nous vivons dans un monde de plus en plus ouvert et très risqué pour les dirigeants.

— Tu as raison. Cela fait combien de temps que tu es au pouvoir.

— J'ai fait un quinquennat puis un septennat. J'en suis maintenant à la cinquième année de mon second septennat. Fais le calcul, dit l'État en souriant.

— Je l'ai fait très rapidement, répondit le médecin avec un sourire avant d'ajouter : « Pourquoi un quinquennat puis un septennat, si l'on sait que la tendance est à la baisse un peu partout dans le monde ? »

— Dans mon pays, c'est le contraire. Ceux qui m'ont précédé avaient cru assurer leurs arrières pour toujours en tripatouillant souvent la Constitution. Quant à moi, après mon premier mandat, j'ai senti qu'il me fallait encore plus de temps à la tête du pays pour pouvoir terminer les politiques et les changements que j'avais prévu d'apporter dans beaucoup de domaines. Dès lors j'ai fait organiser un référendum pour augmenter la durée du mandat présidentiel. J'ai gagné ce référendum haut la main. J'ai été même plébiscité.

Le médecin prit quelques notes pendant quelques secondes avant de répondre :

— Je vois. Dis-moi, quelle a été jusque-là selon toi la différence entre être dans l'opposition et être au pouvoir ? »

— Je dirais sans hésiter que c'est plus facile et plus confortable d'être dans l'opposition, car tu peux aisément déceler les erreurs et les points faibles de ceux qui sont au pouvoir et les exploiter. Mais ce qui m'a frappé le plus, c'est que j'ai découvert que certaines réalités sont plus complexes que je ne le croyais. Même quand j'étais ministre, parce que quand on est ministre, on ne dispose pas réellement de grands pouvoirs. Ma prise des rênes du pays a été dès lors synonyme de dessillement total. Je me suis entre autres aperçu qu'il y a une sacrée différence entre être au pouvoir et avoir le pouvoir. Du coup, devant certains problèmes dont la résolution me tenait à cœur depuis de longues années, je me suis senti si impuissant que j'ai fini très vite par me résigner à l'idée de l'impossibilité de les voir disparaître. Pis, je me suis même fait le complice de certains qui veulent que nombre d'entre eux se perpétuent. Cette situation me fait très mal, bien que j'aie fini par m'en accommoder au fil des années.

— Je ne suis pas sûr d'avoir bien compris ce que tu veux dire. À quel genre de problème fais-tu allusion ?

— À celui du franc CFA par exemple. Depuis que

j'étais étudiant, j'avais le désir ardent de voir mon pays quitter la zone C.F.A pour moult raisons. Mais à mon arrivé au pouvoir, bien que toujours animé par ce même désir, je me suis très vite heurté à de dures réalités qui m'ont non seulement très vite découragé, mais m'ont aussi poussé à tourner casaque.

— Pourquoi as-tu voulu faire sortir ton pays de la zone CFA ?

— Je vais te faire très succinctement un petit rappel historique qui t'aidera à mieux comprendre mes raisons.

— Je suis tout ouïe

— Le Franc CFA est une « propriété » de la France, je ne peux pas dire autre chose. Car c'est elle qui la fabrique sur son territoire, la gère et prend unilatéralement les grandes décisions le concernant comme ce fut le cas lors de sa dévaluation à 50% en 1994. Il a été officiellement créé en décembre 1945. De cette année à 1960, il voulait dire Franc des Colonies françaises d'Afrique. Mais depuis 1960, il signifie Franc de la Communauté Financière d'Afrique. Il est encore la monnaie de quinze pays africains, dont quatorze anciennes colonies françaises.

À ce moment-là, l'État s'arrêta. Il se racla la gorge avant de continuer ses explications. Ce fut alors que le médecin, qui prenait des notes jusque-là, posa son stylo sur la table et l'interrompit.

— Excuse-moi de te couper la parole, mais je voudrais juste avoir quelques clarifications avant qu'on aille plus loin. Donc, si je comprends bien ce que tu viens de dire, il y a encore sur votre continent plusieurs pays « indépendants », dont le tien, qui utilisent toujours la monnaie que la France avait créée pour eux en 1945 et

qu'elle continue encore de gérer et de battre pour eux sur son propre territoire. Je ne parle même de la pirouette sémantique qui a été réalisée concernant le changement de signification de l'acronyme CFA.
— Telle est malheureusement la triste réalité.
— Donc, bien que devenus « indépendants » vos pays ne veulent toujours pas voler de leurs propres ailes en coupant le cordon ombilical colonial les reliant à l'ancien pays colonisateur ?
— Ils le veulent bien !
— Moi j'en doute ! Comment comprendre alors que « leur monnaie » lui « appartienne », que ce soit lui qui la gère et en plus de la fabriquer sur son propre territoire ?

L'État essaya de bafouiller une réponse, mais les mots refusèrent de sortir de sa bouche, tant il manquait d'arguments. Le voyant confus, le médecin reprit la parole :
— Les conclusions qui me viennent à l'instant à l'esprit, que je tire de cette situation, sont les suivantes : soit vos pays, ou plutôt leurs dirigeants sont masochistes et pusillanimes. Et pour continuer à utiliser cette monnaie, ils font semblant d'être confortables avec elle. Ce qui est d'autant plus trompeur que l'on connaît l'enjeu et la place qu'occupe la monnaie dans la souveraineté et l'économie d'un pays ; soit ils ont peur d'avoir à faire face aux défis que leur posera l'utilisation d'une nouvelle monnaie qui serait pour eux synonyme d'un saut dans l'inconnu. Je ne vois pas d'autres explications rationnelles à cette situation qui me semble pour le moins relever de l'absurde. D'autre part, je ne comprends pas non plus pourquoi la France veuille encore battre monnaie pour ces quinze pays. Quelque chose ne semble

pas tourner en rond dans cette situation.

— Si cette situation perdure, c'est qu'il existe un travail de sape dans les deux camps. D'une part, souvent caractérisée par la duplicité dans les relations qu'elle entretient avec ses ex-colonies sur le continent, la France met tout en œuvre pour le maintien du statu quo. Son discours officiel lénifiant disant aux pays désireux de quitter la Zone CFA qu'ils ont libres de le faire contraste grandement avec ses perfides manœuvres officieuses. Car en plus d'agir de telle sorte que ces pays-là ne parlent pas d'une seule voix bien qu'ayant un intérêt commun en jeu, elle fait aussi peser sur ceux qui y sont au pouvoir de véritables pressions et menaces. Il faut avoir à l'esprit que par le passé beaucoup de dirigeants ayant soulevé la question du Franc CFA sur le continent ont été assassinés, que le Camerounais, docteur en économie, Tchundjang Pouémi que j'ai déjà cité a été mystérieusement tué peu de temps après la publication de son livre parlant du franc CFA : *Monnaie, Servitude Liberté*, que l'économie d'un des premiers pays à avoir quitté la zone CFA a été sabotée sans mentionner les nombreuses tentatives de déstabilisation qui ont été perpétrées sur le territoire. Et plus récemment - il y a quatre mois environ - l'économiste togolais, Kako Nubukpo, jusque-là directeur de la Francophonie économique et numérique au sein de l'OIF (Organisation Internationale de la Francophonie) a été démis de ses fonctions pour avoir publié une tribune anti-CFA[33]… Loin d'être fortuits et

---

[33] Laurence Caramel : Un cadre de la Francophonie suspendu après une tribune anti-CFA publiée sur « Le Monde Afrique ».
http://www.lemonde.fr/afrique/article/2017/12/08/un-cadre-de-la-francophonie-suspendu-apres-une-tribune-anti-cfa-publiee-sur-le-monde-afrique_5226866_3212.html.

L'État déballe tout !

anodins, tous ces faits-là sont si ancrés dans les mémoires sur le continent qu'ils y ont causé certaines réticences chez nombre de dirigeants quand il s'agit de parler du Franc CFA. Dès lors, selon moi, les questions que l'on devrait se poser sont les suivantes : qui tire les marrons du feu, à qui profitent tous les crimes commis pour le maintien du franc CFA ? La réponse est toute simple : cela ne peut être que la France. C'est pourquoi elle emploie tous les moyens nécessaires pour le maintien de cette monnaie dans les pays où elle a cours. Ce qui a fait dire à Odile Tobner que : «...*La tutelle française s'accroche à son franc CFA. Elle est sans doute prête à mettre l'Afrique à feu et à sang plutôt que d'y renoncer* [34]». De plus, à supposer que l'ancienne métropole veuille à travers cette monnaie aider les pays membres de la Zone CFA, c'est tout de même étrange et surtout très suspect qu'elle en vienne presque à leur imposer son « aide », si l'on connaît les réalités des relations internationales...Tu dois à coup sûr te demander pourquoi alors la France s'entête à vouloir toujours battre monnaie pour ces pays sur le continent. Ce n'est pas par philanthropie qu'elle le fait, tu dois t'en douter. Il faut être naïf pour le croire. D'autant que les États n'ont pas d'amis mais que des intérêts. La réponse à cette question aussi est toute simple : elle en tire de grands avantages qu'elle n'est aucunement prête à laisser lui filer entre les doigts.

D'autre part, si cette monnaie est encore utilisée dans certains pays sur le continent, c'est qu'il y a aussi la complicité ou la passivité de quelques-uns de leurs dirigeants. Timorés et/ou plus mus par les avantages

---

[34] Mongo Béti, *La France contre l'Afrique. Retour au Cameroun*, p. 214.

personnels et partisans que par l'intérêt général, ces dirigeants n'hésitent pas à décrédibiliser, voire à combattre les mouvements réclamant la création de monnaies nationales ou d'une monnaie commune. Plus grave encore, avec certains spécialistes ou pseudo-spécialistes stipendiés agissant à leur compte, ils trouvent même beaucoup de grandes vertus au franc CFA. Par ailleurs, pour mettre sur pied une nouvelle monnaie nationale, sous-régionale ou africaine, il faut du temps et une bonne préparation. Voilà, selon moi, quelques raisons qui constituent des obstacles empêchant d'en finir une fois pour toutes avec le CFA. Mais il existe une volonté réelle des populations qui exigent de plus en plus un changement total. Cela étant, tu dois certainement te demander les avantages que la France tire du maintien du franc CFA.

— Cette question me brûle les lèvres depuis tout à l'heure, mais je n'ai pas voulu t'interrompre. J'ai hâte de connaître ce qu'elle en tire comme profit, car la situation d'un côté comme de l'autre me semble vraiment kafkaïenne.

— Sans entrer dans les détails techniques, je vais te parler brièvement de quelques-uns des mécanismes de fonctionnement du franc CFA, à savoir le Compte d'opérations et les conseils d'administration des différentes banques centrales pour que tu aies une certaine idée de comment la France profite du maintien de cette monnaie dans les pays où elle a cours. Il faut d'abord noter qu'il y a trois banques centrales : la BCEAO (Banque centrale des États de l'Afrique de l'Ouest) ; la BEAC (Banque des États de l'Afrique Centrale) et la BCC (Banque centrale des Comores). Ce sont elles les organes réels de la mise en application des accords monétaires franco-africains. Le Compte d'opérations, quant à lui, est un compte bancaire ouvert auprès de la Banque de France pour chaque pays utilisant le franc CFA. La convention entre la France et l'Afrique de la zone franc stipule que : « *les États membres conviennent de mettre en commun leurs avoirs extérieurs dans un fonds de réserves de change. Ces réserves feront l'objet d'un dépôt auprès du Trésor Français, dans un compte courant dénommé : compte d'opérations* [35] ».

« *Jusqu'en 1973, les banques centrales africaines étaient tenues de verser sur ce compte la totalité des avoirs extérieurs qu'elles détenaient. La convention de 1973, qui se veut plus souple, contraint les PAZF (pays africains de la zone franc) à déposer au Trésor Français 65 % (...). Depuis le 20 septembre 2005, ce taux*[36] *est égal à 50% pour la BCEAO et à 60% pour la BEAC dont la quotité se réduit à celle de son homologue de l'Afrique de l'Ouest dès le premier juillet 2009. Le taux de 65% est inchangé pour la BCC des Îles Comores (...)*. « *Le compte d'opérations peut devenir débiteur sans qu'aucune limite ne soit assignée à ce découvert. Lorsque le solde est débiteur,* **le Trésor Français perçoit des intérêts** [37]».

Les trois conseils d'administration, quant à eux, fonctionnent d'une manière un peu spéciale. Prenons d'abord le cas de celui de la BCC (Banque Centrale des Comores). Il « *délibère valablement lorsqu'au moins* **six** *de ses membres sont présents ou représentés. Les délibérations doivent être adoptées par* **cinq** *au moins des membres présents*

---

[35] *Article 11 de la convention de coopération monétaire entre la France et les États membres de la B.E.A.C., 13 Mars 1973.* Voir Nicolas Agbohou, *Le franc CFA et l'Euro contre l'Afrique,* Éd. Solidarité Mondiale, 2016, p. 22.
[36] Avenant N°1 du 20 septembre 2005 à la convention de 1973, *ibid*.
[37] *Institut Technique de Banque (I.T.B.), « La Zone franc », 3ème édition, p. 15.*

ou représentés [38]*».* Or, il est composé de : « *8 administrateurs dont quatre Français, désignés pour un mandat de quatre ans renouvelable* [39]*».* Pour la BEAC, le conseil d'administration *«délibère valablement lorsqu'au moins un administrateur par État membre et un Administrateur Français sont présents ou représentés* [40]*».* Or, il est composé de « *13 Administrateurs dont trois pour la République Française* [41]*».* Enfin pour la BCEAO, il faut « *recueillir l'unanimité des membres du Conseil d'Administration* [42]*».* Or, il est composé de « **16** Administrateurs africains et de « *deux administrateurs désignés par le gouvernement français* », qui « *participent au Conseil d'Administration de la BCEAO, dans les mêmes conditions et avec les mêmes attributions que les Administrateurs désignés par les États Membres de l'Union*[43]*».*

Donc, à travers ce système vicieux, tu peux bien voir que la France dispose d'un droit de veto statutaire dans chacune des Banques centrales, car il lui suffit simplement de pratiquer la politique de la chaise vide pour bloquer toutes les initiatives venant des différents États, surtout celles allant à l'encontre de ses intérêts. Je ne parle même pas des avantages financiers générés par l'argent se trouvant sur le compte d'opérations.

---

[38] *Statuts de la BCC des Comores, Titre III, Article 38. Ibid.*
[39] Article 34, Titre III de l'Accord de Coopération monétaire entre la République Française et la République Fédérale Islamique de Comores, *ibid.*, p. 10.
[40] Statuts de la Convention de coopération monétaire entre les pays de la BEAC et la France, Article 38, *ibid.*, p. 11.
[41] Article 3 des statuts de la BEAC. *ibid.*, p. 10.
[42] Statuts de la BCEAO, Article 51, *ibid.*, p. 10.
[43] Article 10 de l'Accord de Coopération entre la France et les pays africains de l'UMOA, *ibid.*, p. 10.

L'État déballe tout !

Pendant que l'État parlait, le médecin ne le quittait pas du regard. Il se penchait de temps à autre sur sa feuille pour prendre quelques notes.

— Incroyable ! Incroyable ! J'étais loin de me douter qu'au XXIe siècle ce que tu me racontes existe encore dans le monde. Je suis désolé de te le dire, mais vous n'êtes pas indépendants. Et c'est un euphémisme. C'est une lapalissade que de dire que quiconque tient la monnaie d'une nation, tient sa politique et tout le pays avec. Je viens enfin de comprendre pourquoi vous êtes encore sous la « domination » de la France. Ce pays vous tiendra dans sa main tant et aussi longtemps qu'il continuera à fabriquer et à gérer votre monnaie et surtout à avoir un droit de veto dans vos différents conseils d'administration. Je ne parle même pas de sa présence massive dans plusieurs secteurs névralgiques de l'économie de vos pays, dit le médecin.

— Tu as tout à fait raison, et j'en suis pleinement conscient. Mais malheureusement, je suis d'autant moins bien placé pour le dire que je sers souvent l'argument de la stabilité de cette monnaie à mes compatriotes pour maintenir le pays dans la zone Cfa.

— Malheureusement…comme tu le dis…Moi je pense que même si cette monnaie présentait tous les avantages du monde, rien que pour l'honneur, la souveraineté et le prestige vous devriez vous en débarrasser. Surtout si l'on sait que la France a commis de nombreuses atrocités et exactions dans beaucoup de ses anciennes colonies. Est-ce à dire pour autant que vous devez totalement rompre avec elle au point de ne plus entretenir aucune relation ? Absolument pas, parce que nous vivons dans un monde des grands ensembles, et que vous avez eu un passé commun. Donc, vous pouvez toujours coopérer d'égal à égal dans plusieurs domaines. Mais vos pays doivent être vos chasses gardées où personne d'autre ne doit empiéter encore moins intervenir. Car en plus d'être sacrée, la souveraineté, même si elle n'est pas suffisante, est nécessaire pour le développement d'un pays.

— Tu as raison…Tu comprends mieux maintenant pourquoi je te disais il y a un moment qu'il y a certaines choses qui nous différencient de la Bolivie et surtout de Cuba.

— Je comprends mieux…Il n'en demeure pas moins que vous pouvez toujours vous inspirer de ces deux pays-là. Ils ont fait montre de courage et de résilience en disant non à « certaines puissances prédatrices ». Tu sais, j'ai été pendant des années un militant de gauche très actif quand j'étais à l'université. Si je me suis maintenant retiré du champ politique, c'est parce que j'ai été déçu dans ce pays tant par la droite que par la gauche. Mais mes idées sont demeurées les mêmes quand il s'agit de questions essentielles. De plus, bien que mon nom de famille et mon physique puissent ne pas le montrer, car je suis le portrait craché de mon père qui est un Français blanc, ma mère est une métisse d'origine brésilienne. J'allais souvent dans ce pays quand j'étais enfant. C'est sans doute lors de ces nombreux voyages qu'est né en moi l'amour que je porte pour les pays de l'Amérique du Sud en général. J'en ai visité quelques-uns. Je m'intéresse beaucoup à cette partie du monde depuis longtemps. Il y a nombre de choses que vous pouvez apprendre du sous-continent sud-américain pour mieux faire face au néocolonialisme parce que j'ai vu quelques bons changements s'y produire dans le bon sens au fil des années.

— Je vais dorénavant m'intéresser davantage aux pays sud-américains, quand je serai de retour chez moi.

Sur ces mots, il y eut un silence si profond que l'on pouvait même entendre les bruits de pas dans le couloir. Plusieurs secondes s'écoulèrent avant la reprise de la discussion.

— Vos pays ont dû déposer d'importantes sommes d'argent sur le « Compte d'opérations » depuis plusieurs décennies, dit le médecin.

— Des sommes mirobolantes ! Bien que je ne dispose pas de montants à jour, je vais te donner quelques chiffres pour que tu en aies une certaine idée. Par exemple pour la **BEAC**, « *les avoirs en Compte d'Opérations ont augmenté de 47,5 %, se situant à 4 311,7 milliards F CFA à fin mars 2007 contre 2922,9 milliards à fin mars 2006* [44]» *Pour la* **BCEAO**, *l'examen* des bilans (…) révèle « *qu'au 31 décembre 2004, le montant déposé sur le Compte d'Opérations s'élève à 3449,4milliards de FCFA contre 2 636, 946 milliards de FCFA au 31 décembre 2001* [45]». Pendant ce temps ton pays récolte et savoure les fruits que lui apportent les intérêts. Et c'est sûr qu'elle ne laisse pas notre argent dormir dans les caisses de la Banque de France.

— Incroyable, mais vous enrichissez ce pays. Je comprends maintenant pourquoi il tient tant au maintien de cette monnaie.

— Pourtant beaucoup de tes concitoyens pensent le contraire. Ce qui faisait dire à un président africain, bien

---

[44] *Situation monétaire de la CEMAC, 31 mars 200, ibid. p. 24.*
[45] *Rapport BCEAO sur le contrôle des états financiers pour les exercices 2001 et 2004, ibid. p.25.*

connu pour son rôle dans la Françafrique, que «…*Quand vous demandez à un Français dans la rue, il vous dira : « Ah, pour l'Afrique, on dépense beaucoup d'argent.»* Mais il ne sait pas ce que la France récolte en retour, comme contrepartie. Un exemple: nous sommes dans la zone franc. Nos comptes d'opérations sont gérés par la Banque de France, à Paris. Qui bénéficie des intérêts que rapporte notre argent ? La France [46]».

— Eh bien…Mais ces montants sont colossaux. Utilisé à bon escient, cet argent aurait pu vous servir dans bien des domaines.

— Absolument ! Utilisé à bon escient, comme tu le dis, cet argent nous aurait peut-être permis de nous passer de « l'aide publique au développement » et de beaucoup d'autres plans et programmes mortels qui nous ont été imposés par les Institutions de Bretton Woods.

— Pensez-vous pouvoir le récupérer un jour ?

— Je demeure sceptique bien que ce soit notre argent! Sans encore une fois faire dans la victimisation, nous avons tellement subi de tours de passe-passe juridiques et économiques et de coups de force par le passé, avec souvent la complicité de certaines instances internationales et de quelques-unes des grandes puissances, que je reste pessimiste quant à la récupération de cet argent. Mais on ne sait jamais. D'autant que, comme je te l'ai déjà dit, les jeunes sur le continent, si exigeants de nos jours, en appellent à l'union des forces et des pays pour mieux faire face aux agressions extérieures. Il y en a même beaucoup parmi eux qui demandent, voire exigent de plus en plus des

---

[46] Omar Bongo, Journal *Libération* du 18 septembre 1996.

réparations pour les crimes de l'esclavage et de la colonisation et leur chapelet de conséquences.

— Je suis peut-être un peu rêveur, mais pour moi la meilleure des réparations serait que les anciennes puissances esclavagistes et colonialistes reconnaissent d'abord leurs fautes et leurs parts de responsabilité dans le retard et la pauvreté de quelques-uns de vos pays sur le continent. Elles pourraient ensuite leur venir en aide financièrement pendant une certaine période pour qu'ils deviennent autonomes dans beaucoup de domaines. Mais je ne suis pas pour une réparation financière. Pas du tout.

— Je suis du même avis que toi. Il y a franchement certains dommages moraux et physiques que tout l'or du monde ne peut pas réparer. Je ne suis pas pour autant opposé à une assistance financière et matérielle pour un certain temps afin de soutenir nos pays sur la voie du développement. Mais pour moi la meilleure des aides serait que les grandes puissances nous laissent tranquilles décider de nos propres politiques plutôt que de nous dicter ce qu'il faut faire via les injonctions des institutions internationales et d'autres organisations. D'autant que nos réalités culturelles, sociales, historiques et politiques ne sont pas les mêmes.

— Elles ne vous lâcheront jamais tant que vous ne vous révoltez pas en disant non, ça suffit. La souveraineté ne se donne pas, elle se conquiert. Et on ne la conquiert pas en dormant ou en la mendiant.

Il y eut un moment de silence.

— Il y a autre chose qui me fait encore plus mal que le franc CFA, car si ma responsabilité est indirecte dans l'utilisation de cette monnaie dans mon pays, elle est

directement impliquée dans cette affaire-là, reprit l'État
— C'est quoi ?
— Ma signature des APE.
— Je ne connais pas ce que sont les APE, mais pour moi il ne peut pas y avoir « pire » que le franc CFA, car avec cette monnaie vous avez atteint le comble de l'exploitation et de l'absurdité.
— En fait, c'est toujours dans le même sillage. Je vais te les expliquer très brièvement. Signifiant Accords de Partenariat Économiques, « *les APE sont des accords (...) compatibles avec les règles de l'Organisation Mondiale du Commerce (OMC) et qui prennent en compte le fait qu'une des deux parties est un pays/région en voie de développement. Par conséquent, ils sont réciproques, mais asymétriques c'est-à-dire que leurs conditions ne sont pas les mêmes pour les deux parties. L'U.E (Union européenne) offre aux pays et/ou régions des APE un accès complet et immédiat à son marché sans droits de douane ou quotas (...) Les pays ACP (Afrique, Caraïbes, Pacifique) qui ont signé les APE doivent graduellement ouvrir 80% de leurs marchés aux importations de l'UE...*[47] ».
— Mais ces accords sont un suicide. Surtout si l'on connaît la disproportion et le déséquilibre qui existent entre les industries et les économies en Afrique et sur le vieux continent, sans parler des puissantes multinationales européennes. Incroyable ! De plus, on vous demande d'ouvrir grandement vos frontières pendant que quelques-unes des grandes puissances n'hésitent pas à se claquemurer en adoptant des mesures protectionnistes pour défendre certains secteurs de leur

---

[47] https://eeas.europa.eu/sites/eeas/files/04102016_ape_guide_fr.pdf (Accords de partenariat économiques (APE). Petit guide narratif pour mieux les comprendre).

industrie au mépris des règles du commerce international.

— Tu as raison. C'est à juste titre que l'économiste français, Jacques Berthelot surnomme ces accords le Baiser de la mort. Ce qui est encore plus grave dans notre cas, nous autres pays de la CEDEAO, c'est que : « les *APE prévoient non seulement la suppression des droits de douane pour les trois quarts des produits européens, mais aussi l'impossibilité de les rétablir par la suite, si la politique des pays ouest-africains devait changer* [48] ». Tu sais, les A.P.E ne sont pas uniformes. Il y a des pays qui doivent ouvrir leur marché à hauteur de 80%, mais vu que le mien fait partie de la CEDEAO (Communauté Économique des États de l'Afrique de l'Ouest), l'ouverture du marché est fixée à 75%.

—Tu as signé ces accords-là tout en étant conscient qu'ils sont mortels pour ton pays et ton peuple ? Ne me dis pas cette fois-ci qu'il y a eu la France derrière cette signature.

— Il n'y a pas eu que la France, mais toute l'Union européenne. Beaucoup d'autres pays sur le continent ont aussi signé les APE. Les « négociations » ont pour autant duré plusieurs années, parce qu'il fallait « convaincre » les différentes opinions publiques nationales qui étaient presque toutes réticentes et opposées à la signature de ces accords. C'est exagéré de dire convaincre, parce que pour convaincre il faut avoir de bons arguments. Or nous n'en disposions pas. Donc, il fallait leur forcer la main. Ce qui a donné lieu à plusieurs manifestations dans beaucoup

---

[48] Pascal Erard, responsable du plaidoyer du Comité français de solidarité internationale (CFSI). *Afrique, Méditerranée Business*, 10 Août 2017 p. 47.

de pays sur le continent. Dans le mien par exemple, en plus des manifestations beaucoup d'intellectuels et de célébrités exerçant dans divers domaines ont même signé des pétitions pour montrer leur opposition catégorique à la signature de ces accords. Mais il était malheureusement venu un moment où l'UE ne pouvait plus supporter nos atermoiements. Par conséquent, elle nous a lancé un ultimatum assorti de grandes menaces et de pressions. J'ai finalement dû céder à mon corps défendant en défiant mon peuple, toute honte bue...Cette situation fait extrêmement mal.

— Je ne veux surtout pas entendre, encore moins accepter cet argument des pressions subies. Il est pour moi aussi léger que les responsabilités dans lesquelles vous avez engagé vos peuples sont lourdes. Tu veux encore une fois me faire croire que les conséquences pouvant découler de certaines décisions que vous avez prises après mûre réflexion et des accords que vous avez signés de vos propres mains portent la responsabilité d'autres personnes...Non, c'est trop facile de se défausser de cette façon. Alors pourquoi êtes-vous donc élus par vos peuples ? Si vous n'êtes pas capables d'assumer les responsabilités inhérentes à vos fonctions, de faire les sacrifices que celles-ci exigent, ce serait mieux de rendre le tablier et de céder la place à d'autres personnes qui seraient prêtes à tout donner pour le développement et le respect de leur pays. On a toujours le choix de dire non même si je sais qu'il existe des pressions et des rapports de forces entre États. Cela dit, est-ce que vous avez mesuré les conséquences économiques pouvant découler de la signature de ces accords ?

— Oui. Et elles sont nombreuses et surtout très ruineuses pour nos économies. Je vais t'en donner quelques-unes.

— Je suis tout ouïe !

— Plusieurs secteurs seront sans doute affectés :

Conséquences pour le secteur agricole :

Pour bien mesurer les conséquences au niveau du secteur agricole, il faut garder à l'esprit qu'entre 65 et 70% de la population africaine tire ses revenus d'activités liées à l'agriculture, dont la contribution au Pib du continent est estimée à 35% en moyenne. Les exportations de produits agricoles constituent les principales sources de devises pour plusieurs pays, parfois jusqu'à 40% de leurs recettes budgétaires. La mise en œuvre des APE va inonder les marchés de la Cedeao de produits agricoles beaucoup plus compétitifs, entraînant ainsi la disparition de plusieurs filières agricoles, avec de graves conséquences économiques et sociales, comme la ruine de millions de petits agriculteurs et l'aggravation de la dépendance alimentaire de plusieurs pays. Même si certains produits dits « sensibles » sont exclus de l'ouverture des marchés, la plupart des secteurs seront affectés.

— **Menaces sur le secteur industriel :**

L'ouverture à 75% des marchés de la Cedeao va également entraîner une concurrence inégale et déloyale pour le secteur industriel ouest-africain. Ce dernier ne pourra pas soutenir la compétition contre les entreprises européennes aguerries et bénéficiant d'énormes moyens financiers et logistiques pour gagner des marchés dans les pays de la Cedeao. Cela sera d'autant plus facile que les investisseurs européens bénéficieront du statut de « traitement national », en vertu duquel, ils seront traités sur le même pied d'égalité que les investisseurs nationaux (...) !

Comme on peut le deviner aisément, cela va constituer une grande menace pour l'industrie locale et sous-régionale, composée en majorité de petites et moyennes entreprises (PME). C'est en partie pour parer à cette menace que des programmes de « mise à niveau » pour les industries africaines ont été adoptés sur financement de... l'Union européenne ! (...).

— **Pertes au niveau des finances publiques :**
Les pertes au titre des recettes douanières vont au-delà de ce qu'on pouvait imaginer. Selon plusieurs études, les pertes cumulées au bout de la 15e année d'ouverture sont estimées à près de 2 milliards d'euros (1 871 milliards). Ce montant est supérieur de 43,9% aux 1,3 milliard d'euros d'aides annuelles promises par l'Union européenne au titre du Paped (programme d'appui aux Ape) doté de 6,5 milliards d'euros sur 5 ans (...). On voit ainsi que les pays africains risquent de renoncer à d'importantes ressources et de renforcer leur dépendance extérieure, en comptant sur des promesses « d'aides » financières qui seront loin de compenser le niveau des pertes subies.[49]

— Donc, autant dire que vous avez tout à perdre avec la mise en application de ces accords...Les mots me manquent pour qualifier l'attitude des dirigeants qui les ont signés. C'est peut-être parce qu'ils savent que les conséquences qui vont en découler se répercuteront sur le bas peuple. Car eux, leurs familles et partisans doivent certainement jouir de toutes les faveurs dans leur pays. Je suis vraiment indigné, dit le médecin.

---

[49] Demba Moussa Dembélé, « Accord de Partenariat économique : Le baiser de la mort ». https://www.cetri.be/Accords-de-partenariat-economique?lang=fr.

— Moi ce qui me fait le plus peur c'est que ces accords vont à coup sûr contribuer à l'augmentation du taux de chômage qui est déjà élevé dans le pays.

— C'est inévitable !

— Cela va encore pousser beaucoup de jeunes à vouloir quitter le continent à n'importe quel prix. L'autre nuit, en regardant un documentaire sur la chaîne ARTE, j'ai vu des compatriotes parmi les candidats malheureux à l'émigration. Les conditions dans lesquelles ils vivaient étaient infernales. Bien des choses m'étaient passées par la tête après avoir éteint la télé. Je me suis entre autres dit qu'à cause de mauvaises décisions que j'ai pu prendre, j'ai participé au malheur de ces jeunes qui ont bravé les mers et les déserts à la recherche d'un hypothétique eldorado, dit l'État la mine triste, la tête baissée.

— C'est malheureusement cela ! Dans presque tous les pays, c'est souvent le bas peuple qui paie les pots que leurs dirigeants ont cassés. Il m'est arrivé moi aussi de voir quelques images de corps de candidats malheureux à l'émigration, échoués sur certaines plages européennes. J'ai été vraiment choqué. Je me suis demandé où est-ce qu'est passée notre humanité ?

Après ces propos, il y eut un moment de silence. Le médecin jeta un coup d'œil à sa montre et s'exclama :

— Waouh ! Je suis tellement embarqué dans la discussion que je n'ai pas vu le temps passer. Je dois sortir rapidement pour vérifier quelques affaires avec un de mes collègue que j'étais parti voir tout à l'heure. Je reviens.

— Parfait. Je vais en profiter pour fumer quelques cigarettes, répondit l'État.

Ils se levèrent en même temps. Le médecin prit la

direction de la sortie pendant que son patient, après avoir mis son manteau, se dirigea vers le balcon. Une dizaine de minutes s'étaient écoulées lorsque le médecin retourna à son bureau. En le voyant reprendre sa place, l'État se précipita pour essayer d'éteindre la cigarette qu'il était en train de fumer afin d'aller le rejoindre pour continuer la discussion. Mais le médecin lui fit un signe de la main pour lui faire savoir qu'il pouvait continuer parce qu'il devait relire les quelques notes qu'il avait prises. Après avoir fini de fumer, l'État rejoignit le bureau en se frottant les mains pour se réchauffer un peu à cause du froid qu'il faisait dehors. Il enleva son manteau, le remit là où il l'avait pris et reprit sa place.

— Je pense qu'il est temps de finaliser. Car il commence à se faire tard, lui dit le médecin.

— Tu as raison.

Le médecin se racla la gorge avant d'adopter un ton très serein :

— Tu as certainement noté qu'en échangeant avec toi aujourd'hui, j'ai adopté plusieurs attitudes. J'ai parfois fait semblant d'être ignorant en te posant des questions naïves; d'autres fois, je t'ai contredit juste pour te faire mieux parler. Je suis même allé jusqu'à chercher des textes dans mes « archives personnelles » pour te donner des contre-exemples; d'autres fois encore, je t'ai laissé t'exprimer longuement sans rien te dire. J'ai tantôt été rude en employant des mots durs, tantôt semblé insensible aux regrets que de ton visage exprimait. Si je t'ai blessé à travers l'utilisation de certains mots, je m'en excuse très sincèrement parce que ce n'était guère mon objectif. Bien au contraire, c'était juste pour te faire parler afin de faire sortir de ton cœur tout ce que tu avais à dire.

D'autant que j'ai senti dans tes paroles des remords qui ont sans doute suscité en toi le besoin de te confier, voire de te confesser. Pourtant au début de notre conversation de la semaine passée, je croyais être en face d'un monstre arrogant et sans-cœur. Mais au fil des échanges, j'ai vu que tu es une personne ordinaire comme moi, que tu as aussi un côté sensible. Nous en sommes maintenant à la toute dernière étape. Je vais par conséquent faire une petite récapitulation avant de te poser les dernières questions.

Sur ces mots, le médecin se pencha sur sa feuille et y promena plusieurs fois les yeux. Au bout de deux minutes environ, il décida enfin de faire une petite récapitulation de ce qu'il avait retenu de ses lectures silencieuses. Il s'éclaircit la voix, regarda l'État les yeux dans les yeux avant de se mettre à parler :

« Pour mieux préparer l'avenir de tes enfants dans un monde ouvert à certains pays et fermé à d'autres, tu as fait de sorte que tes deux fils, qui poursuivent encore leurs études aux États-Unis, soient nés dans ce pays pendant que tu occupais un poste de ministre dans le tien. Ta fille est la directrice de la plus grande société publique de ton pays, où les chiffres du chômage, que tu connais à peine, sont très élevés. Plutôt que de t'y allier avec les jeunes qui doivent être le moteur de son développement économique, tu essaies de tout faire pour les y éloigner des affaires essentielles. Pis, tu mènes même la vie dure à ceux d'entre eux qui demandent des changements importants et nécessaires que toi-même tu reconnais. Au détriment de ton peuple, et pour des raisons purement opportunistes, c'est-à-dire pour ton maintien au pouvoir afin de sauver ta peau, celle de ta famille et de tes partisans, tu n'as pas hésité un iota à te soumettre à l'ancien colonisateur avec qui tu entretiens toujours des relations de subordination pour le moins déraisonnables : il bat encore monnaie pour ton pays, y détient d'importantes parts dans beaucoup de secteurs clés de l'économie, bénéficie de tarifs préférentiels pour acheter les produits que vous exportez et d'un traitement de faveur pour ses entreprises dans la signature des contrats pour l'exploitation de vos ressources naturelles et l'exécution des grands chantiers dans le pays. Tu as aussi signé les APE qui, à coup sûr, vont avoir de graves conséquences sur votre économie. Tu manipules constamment ton peuple, emprisonnes injustement quelques-uns de tes opposants. Tu es même allé jusqu'à « faire organiser » un attentat meurtrier pour créer une diversion afin de détourner l'attention de ton peuple des affaires de malversation et de détournement de deniers publics dans lesquelles tu étais indirectement impliqué. La justice est à tes ordres. Tu détiens beaucoup de biens dans plusieurs pays étrangers pendant que nombre de tes jeunes compatriotes, à la recherche d'un hypothétique eldorado, fuient l'injustice et la pauvreté dans ton pays en empruntant les déserts et les mers au péril de leur vie. Enfin, tu as fait des milliers de kilomètres pour te « confesser » auprès d'un médecin français alors que tu aurais pu le faire chez toi, auprès de n'importe quel autre spécialiste. En me basant sur tout ce que je viens de te dire, je voudrais juste savoir d'abord à quoi tu as servi jusque-là à ton pays ; ensuite si tu penses lui être utile ou nuisible et enfin si tu l'aimes vraiment. De la sincérité de tes réponses, dépendra la conclusion que je vais tirer de notre entretien et surtout des recommandations ou conseils que je pourrais te donner. Tu n'es pas obligé de répondre à l'instant même. Je te donne un moment de réflexion. Ce que je veux juste entendre, ce sont des réponses très sincères et honnêtes. »

Cette dernière phrase rassura l'État qui semblait jusque-là gêné par la récapitulation du médecin.

— Puis-je sortir fumer une clope et revenir... dit l'État, l'air contrarié.

— Prends tout ton temps. Tout ce dont j'ai besoin ce sont des réponses claires, honnêtes et concises.

L'État se leva, tâta la poche de sa veste et en sortit son briquet et le même paquet de Marlboro. Il tira de cette dernière une cigarette qu'il enserra calmement entre les lèvres puis s'en fut prendre son manteau et son chapeau. Il fumait beaucoup. C'était sa manière bien particulière à lui de décompresser et de faire le vide autour lui. Aussitôt sur le balcon, il alluma la cigarette après avoir pris soin de fermer derrière lui la porte-fenêtre. Lorsqu'il rejoignit le bureau, le médecin avait les mains posées sur la table et les yeux braqués sur ses notes.

— As-tu fini ? lui demanda-t-il.
— Oui.
— Peut-on reprendre la discussion ?
— Absolument !
— Je t'écoute.
— Euh...
— Tu peux encore réfléchir. J'attends juste des réponses sincères, comme je te l'ai déjà dit.
— Franchement, je n'avais pas besoin de prendre autant de temps pour te répondre. Car, en toute honnêteté et sans démagogie, si je fais le bilan de mes actions internes comme externes depuis que je suis au

pouvoir, il sera loin d'être positif. Par conséquent, je peux dire que j'ai causé plus de tort que de bien à mon pays.

— Merci de cette réponse sincère. C'est ce que j'ai pensé moi aussi. Mais je voulais bien l'entendre de ta propre bouche.

— Cela ne veut pas dire pour autant que je n'aime pas mon pays. Au contraire, je nourris un profond amour envers lui…

— Ce sera très difficile de te croire parce que beaucoup de tes actes contredisent tes propos.

— C'est vrai. Mais, bien que nombre de mes actes puissent me contredire, au fond de moi je sais que j'aime bien mon pays. Mon seul problème est que j'ai été perdu par un pernicieux calcul politicien, motivé que j'ai été par le désir ardent de me pérenniser au pouvoir. C'est ce qui m'a poussé à entre autres signer un pacte faustien avec l'ancien colonisateur en croyant qu'il pouvait m'aider, et à emprunter une voie qui est loin d'être la meilleure. Quand je me suis rendu compte que je faisais fausse route, c'était trop tard puisque j'étais déjà loin. Du coup, je ne pouvais plus rebrousser chemin. Il me fallait alors continuer sur la même trajectoire et suivre la même logique, quitte à utiliser des méthodes que je savais non conventionnelles. En définitive, c'est mon amour excessif du pouvoir qui a été mon principal ennemi. Je fais amende honorable. Je ne me sens pas du tout bien dans ma peau depuis un bon moment. J'éprouve une grande honte quand je repense à certaines positions lâches et avilissantes que j'ai prises pour plaire à l'ancien colonisateur juste pour avoir son soutien et à mon comportement opportuniste, impitoyable et outrancier envers mon peuple, termina l'État qui se mit à verser de chaudes larmes en sanglotant.

    Cette fois-ci le médecin eut l'air d'être touché par ces mots. Il se leva de son siège et alla lui tapoter l'épaule pour le soutenir et compatir aux douleurs morales qui l'envahissaient.

    — Il te reste encore combien d'années au pouvoir avant les prochaines élections ? lui demanda-t-il

    — Deux ans environ, répondit l'État sans le regarder.

Il avait le visage enseveli dans ses mains.

    — Tout n'est pas encore fini. Ce temps qui te reste peut être celui de la rédemption. Même si ce ne sera pas possible de tout refaire, essaie de réparer le mal que tu avais causé, de rebâtir tout ce que tu avais détruit. Deux ans ce n'est pas certes très long, mais il n'est jamais trop tard pour bien faire. Tu pourras si bien faire pendant cette période que la personne qui te succédera, même le peuple pourra te pardonner tes fautes passées et te protéger contre d'éventuelles poursuites judiciaires quand tu ne seras plus au pouvoir. De plus, il y a toujours des lois d'amnistie et certains arrangements qui peuvent se faire entre dirigeants dans un pays. Et puis tu pourras même être réélu démocratiquement vu qu'il n'existe pas de limitation des mandats chez vous. Ce serait alors l'idéal pour repartir sur de nouvelles bases.

    — C'est vrai. Merci de tes encouragements. J'essaierai de faire de mon mieux à mon retour au pays. Je serai dorénavant beaucoup plus juste. Je vais d'abord commencer par rapatrier l'argent que j'ai déposé dans différentes banques à travers le monde pour mettre sur pied de nouvelles entreprises afin d'aider la jeunesse à trouver du travail. Par contre, qu'est-ce que je peux faire avec le sang que j'ai sur les mains et les meurtres que je porte sur la conscience ? Sans mentionner l'ancien colonisateur qui me tient si fortement que j'aurai du mal à me défaire de son emprise. Tout cela m'empêche de dormir, dit l'État avant de laisser encore couler un flot de larmes

toujours à côté de lui, le médecin le tapota encore sur l'épaule droite. Après s'être calmé, l'État essuya ses larmes. Pensif, le regard baissé, il avait la main gauche posée sur le menton. Ce fut alors que le médecin regagna sa place.

— Il y a une solution à tout, dit-il aussitôt assis, même à tes relations avec l'ancien pays colonisateur. Il faut juste prendre le temps de bien réfléchir et surtout de demander de vrais conseils aux bonnes personnes. Pour le sang que tu as sur les mains, il faut demander pardon au Bon Dieu si tu crois en lui et/ou peut-être essayer aussi de dédommager encore plus les familles éplorées. Je ne vois pas d'autres solutions.

— Si, je crois en Dieu même si je ne pratique que très rarement. Concernant les familles éplorées, je vais voir ce que je pourrai faire de plus pour elles. Mais j'ai un peu peur que mes actions soient vues comme suspectes. Quant à la France, je demanderai certainement des conseils à quelques-uns de mes homologues fiables sur le continent en plus de consulter les grands spécialistes de la Françafrique dans mon pays. En tout cas merci pour tout. Tes mots apaisent mes douleurs et soulagent un peu ma conscience.

Il y eut un moment de silence. Et l'État de reprendre la discussion, la voix entrecoupée de toussotements causés par ses pleurs.

— Peux-tu encore une fois me garantir la

confidentialité de notre entretien, j'ai vraiment peur ?

— Tu n'as pas à avoir peur. Tu ne crois toujours pas que notre conversation va rester confidentielle ?

— Si, je te crois...Mais on ne sait jamais. J'ai connu un si grand nombre de trahisons, venant parfois même de gens qui me sont très proches, que je suis devenu très paranoïaque. C'est pourquoi je n'accorde plus ma confiance facilement. Mais si je me suis totalement ouvert à toi aujourd'hui, c'est parce que je dois me soigner et surtout libérer ma conscience. Il y a peut-être des choses que j'aurais dû garder pour moi, mais la confession n'aurait pas été complète et sincère. C'est pourquoi je les ai toutes dites sans retenue

— Je te comprends. Mais qu'est-ce que tu veux que je fasse pour que tu me croies ?

— Je ne sais pas...Fais-moi une note dans laquelle tu t'engages à ne jamais rendre public tout ce que l'on s'est dit et que si j'en entends parler où que ce soit, tu seras poursuivi pour calomnie et manquement à tes obligations de confidentialité...

— Essaie de me croire. Je n'ai jamais au plus grand jamais trahi les secrets de mes patients en quinze années de pratique médicale. Bien que tu aies un statut particulier, ce n'est pas avec toi que je vais commencer.

— Je te crois. Mais je serai plus rassuré quand j'aurai une garantie écrite.

— Tu sais, je peux te faire une garantie sur un papier, et une fois avec des membres de ma famille ou des amis je pourrai leur raconter ce que l'on s'est dit sans que tu sois au courant. Mais sache que je ne le ferai pas, parce que non seulement beaucoup de choses me l'interdisent, mais la révélation du contenu du dossier médical d'un de nos patients, quel qu'il soit, pourrait être la signature de l'arrêt de mort de cette clinique. Ce que je ne souhaite pas du tout. D'autant que nos affaires marchent très bien et que nous recevons une clientèle spéciale : de très grands artistes, beaucoup ministres en exercice, de grands footballeurs et d'anciens politiciens très connus. Tout ce beau monde perdrait alors leur confiance placée en nous sans parler d'éventuelles poursuites judiciaires dont nous pourrions faire l'objet. Par conséquent, le jeu n'en vaudra pas la chandelle.

— Je te crois. Mais tu sais, nous vivons dans un monde dangereux, où l'on peut se faire chanter après avoir été enregistré ou filmé dans une position compromettante à son insu. C'est pour tout cela que j'ai peur. Un engagement écrit pourrait me rassurer, même s'il peut ne pas être suffisant.

— S'il existe des médecins qui font chanter leurs patients à la suite de révélations que ceux-ci leur ont faites, il ne doit pas y en avoir beaucoup. En tout cas moi, je n'en connais pas. C'est la première fois depuis que j'exerce cette fonction que l'on me fait une pareille demande. C'est très étrange, même si je te comprends si je me base sur ton rang social et l'ampleur de tes révélations. Mais vu que ce que tu me demandes ne me coûte rien et que j'ai la ferme intention de respecter ma parole, je vais m'engager sur un papier que je vais signer avec mon cachet personnel et mon nom pour te rassurer.

Le médecin prit le stylo qui était encore sur la table, déchira minutieusement une feuille de son bloc-notes et y griffonna quelques mots en guise d'engagement sur l'honneur. Il y apposa son cachet et signa par son nom complet après avoir marqué la date et l'heure puis la remit à l'État en lui disant avec le sourire :

— Es-tu satisfait ?

Ce dernier prit la feuille, la parcourut du regard avant d'esquisser un petit sourire qui détendit son visage.

— Merci. Cela me rassure. Même si…

Il y eut un court moment de silence au bout duquel l'État reprit la parole :

— Tu sais, si certains de mes concitoyens découvraient que j'ai fait des milliers de kilomètres pour me confesser auprès d'un médecin français au lieu de l'avoir fait dans mon pays, ils me taxeraient de complexé, d'éternel colonisé et de tous les noms d'oiseaux du monde. Or, Dieu sait que je voulais juste faire sortir ce qui bouillonnait à l'intérieur de moi, dussé-je le faire en Australie, en Italie, en Angleterre. Peu me chaut de l'emplacement géographique. Pourvu que ce ne soit pas sur le continent, où l'on m'aurait démasqué très facilement. C'eût été alors synonyme de me rabaisser que de me confesser - comme je l'ai fait ici – auprès de l'un des spécialistes de mon pays où je me suis construit une image « respectable » que je compte toujours y préserver. C'est juste pour cela que j'ai fait des milliers de kilomètres pour m'ouvrir à toi.

— Je vois.

S'ensuivit un autre moment de silence qui préludait à la fin imminente de la discussion. Le médecin reprit la parole.

— Nous avons parlé de beaucoup de choses, mais tu ne m'as toujours pas donné le nom de ton pays.

— Je t'ai tellement donné d'informations que par un recoupement des faisceaux d'indices dont tu disposes sur mon pays - sa situation géographique que tu peux trouver grâce à un acronyme - tu devrais être capable de le trouver facilement. Mais attention, tu pourrais aussi le confondre avec un autre. Car il n'est pas le seul à présenter certains symptômes. Il y en a quelques autres, proches ou éloignés, qui souffrent de la même maladie que lui sur le continent.

— J'essaierai de voir plus tard. Mais le nom en tant que tel n'est pas aussi important que cela. Notre échange a été riche. C'est l'essentiel. Nous sommes allés de la médecine à la politique en passant par l'histoire et certaines réalités géopolitiques actuelles. Je connais maintenant beaucoup de choses dont je ne me doutais pas jusque-là. Dorénavant, je vais acheter des livres et faire de nombreuses recherches pour en savoir plus sur les relations que la France a entretenues et continue d'entretenir avec ses anciennes colonies en Afrique. Il y a beaucoup de choses que j'ignorais totalement de cette facette de son histoire. Le peu que je connais du passé colonial de mon pays, je l'ai découvert hasardeusement à travers mes différentes lectures, à la télévision...Il faut tout de même le reconnaître, cela ne m'intéressait pas beaucoup non plus. Notre discussion va certainement être le déclic d'une nouvelle aventure intellectuelle. Et, puisque j'aime bien voyager et découvrir d'autres paysages, pourquoi ne pas visiter un jour l'Afrique en général, comme je l'ai fait avec Cuba et certains pays de l'Amérique du Sud ? Outre l'aspect touristique, mes nombreuses visites dans ces parties du monde m'ont ouvert les yeux sur beaucoup de choses. Elles ont surtout encore plus aiguisé mon esprit critique en me poussant à me méfier davantage de ce que racontent certains soi-disant grands médias occidentaux en général. Ce que j'ai remarqué c'est qu'ils parlent parfois de tout sauf de la réalité des choses. Notre échange m'a aussi permis de découvrir une autre facette de l'être humain, à savoir jusqu'où il est prêt à aller pour le pouvoir...

— Notre discussion a été très bénéfique pour moi aussi. Elle m'a permis de me décharger la conscience même si certaines histoires y laisseront toujours des marques indélébiles. Encore merci. Je t'en suis vraiment reconnaissant.

— De rien. C'est ça mon métier, comme je te l'ai dit dès le début. J'essaie de réparer des corps et de soigner des âmes. Je vais tout de même te donner un dernier conseil parce que je te vois coincé entre le marteau de la France et de certaines institutions et organisations internationales et l'enclume de ta logique lugubre où tu es si empêtré qu'il te sera difficile de faire machine arrière, comme tu l'as dit. J'aimerais juste te rappeler ceci pour que tu fasses plus attention à ton retour : il faut avoir en tête que c'est quand les peuples sont acculés à leurs derniers retranchements qu'ils puisent au fond d'eux, dans leurs ressources inépuisables, des forces extraordinaires leur permettant de se propulser de l'avant tel un ressort. Ils balaient dès lors tout ce qu'ils trouvent sur leur passage. Ne te crois surtout pas intouchable. Nul ne peut résister au soulèvement d'un peuple en furie. Apprends de certains événements ayant secoué quelques pays ces dernières années. C'est à cela que doit servir le passé : tirer des leçons des erreurs des autres pour ne pas les répéter. Des dirigeants qui se croyaient indispensables et éternels ont été déboulonnés de leur piédestal ; qui à la suite d'un soulèvement populaire, qui d'un coup d'État, qui après l'invasion de son pays par une armée étrangère. Tout cela pour te dire qu'il faut être plus prudent, car tu n'es pas à l'abri de ces genres d'événements. Pour ne pas en arriver là, il faut éviter à ton peuple le trop-plein de frustrations.

— Merci de ce conseil précieux. Je vais être plus attentif dorénavant. De toute façon, je vais gouverner autrement.

Après ces mots, ils se turent. Le médecin regarda sa montre, puis s'exclama.

— Waouh ! Le temps passe vite. Il se fait tard, et demain j'ai un rendez-vous tôt le matin à ma clinique personnelle.

L'État en déduisit qu'il était temps de partir.

— Je crois que je dois maintenant m'en aller, dit-il.

Alors qu'il avait les mains appuyées sur les bras de la chaise pour se lever, le médecin, reprit la discussion, à sa grande surprise:

— Tiens, une toute dernière question vient de me traverser l'esprit.

L'État se rassit aussitôt. Cette fois-ci, il croisa les bras sur son abdomen et considéra son interlocuteur.

— En fait, penses-tu que vos pays puissent se développer un jour ? Car, à la lumière de tout ce que tu m'as expliqué, j'ai l'impression que, sauf miracle, ils seront toujours condamnés au sous-développement. Excuse-moi de te le dire, mais c'est mon opinion personnelle.

L'État resta silencieux un certain temps avant de répondre :

— C'est vrai qu'il nous sera très difficile de nous développer si le statu quo devait se maintenir. Surtout nous autres, anciennes colonies françaises. Car nombre d'entre nous, pour plusieurs raisons, dont je t'ai donné quelques-unes, accusent un sacré retard si on les compare aux ex-colonies anglaises sur le continent. Pour autant il existe des possibilités d'émergence.

— Moi, je suis totalement sceptique. Peut-être sera-ce le pessimisme de la raison contre l'optimisme de la volonté pour reprendre les mots de Gramsci. Mais qu'est-ce que tu vois toi comme solutions ?

— Selon moi ce qu'il nous faut d'abord – bien que je ne sois pas le mieux placé pour le dire - ce sont des dirigeants intègres, surtout courageux et patriotes pour desserrer le corset néocolonial afin de soustraire nos pays à la domination que les grandes puissances y exercent directement ou indirectement à travers les institutions et organisations internationales et les puissantes entreprises intercontinentales ; des dirigeants dont les actions sont en phase avec les aspirations et les besoins de leurs populations. Il nous est tout aussi nécessaire, voire impératif de mettre fin à la balkanisation sur le continent en diluant nos micros-pays impuissants dans un grand ensemble comme un État fédéral. Ainsi réunis, nous aurons un immense territoire avec de vastes terres arables, une grande population et des ressources naturelles à profusion puisque notre continent a le sous-sol le plus riche du monde. Nous pourrons dès lors peser de tout notre poids dans les relations internationales. Par conséquent, on ne prendra plus de décisions nous concernant sans notre consentement, et nous n'aurons plus à faire face aux diktats et injonctions du F.M.I et de la Banque mondiale, ni de l'OMC et des multinationales encore moins de ceux des grandes puissances, notamment les anciens pays colonisateurs. Quiconque voudra s'attaquer à nous y réfléchira à deux fois avant d'agir puisqu'on aura la possibilité de mettre sur pied une grande armée, forte en hommes et en équipements militaires.

— Donc, si je comprends bien, tu ne vois le développement de vos pays que dans l'unité ?

— Individuellement, c'est possible, comme je te l'ai dit. Mais ce sera très difficile parce que tant que nous ne serons pas unis nous serons toujours les proies des grandes puissances prédatrices, qui peuvent nous déstabiliser à volonté. Or, comme le disait le grand savant sénégalais, Cheikh Anta Diop : « *La sécurité précède le développement* ». Et cette sécurité-là, on ne pourra l'avoir totalement que dans le cadre d'un État fédéral ou un autre grand ensemble.

— Penses-tu qu'il puisse y avoir un État fédéral sur le continent africain ? Pour moi c'est un juste un vœu pieux.

— Je le pense sincèrement. Et, cela va se réaliser. Dans combien d'années ? Je ne saurais le dire. Je ne suis pas tout de même d'un optimisme béat parce que je sais qu'il y aura beaucoup d'embûches sur le chemin menant vers la réalisation de cet État. Car en plus des réticences auxquelles on pourra avoir à faire face au niveau continental, il y aura à coup sûr une farouche opposition de certaines puissances occidentales. Fidèles au principe du diviser pour mieux régner, elles trouveront toujours leurs intérêts dans notre faiblesse, et partant dans notre désunion. Mais quand nos pays seront exploités et assaillis de toutes parts par les Institutions Financières Internationales (IFI) aussi bien que les multinationales et les grandes puissances, le seul chemin de libération qui s'offrira à nous sera un État fédéral ou une autre forme de grand ensemble fort. Nous serons en quelque sorte acculés à l'unité. *Volens nolens.* Ce sera notre seule issue de secours et de survie. La nécessité de cette unité a été sentie et formulée peu de temps après la déclaration officielle des « indépendances » sur le continent. En effet, les « pères des indépendances » de plusieurs pays se sont rendu très vite compte que le néocolonialisme était en train très tôt de se substituer à la colonisation, qu'une puissance comme la France avait accordé l'indépendance à ses colonies à son corps défendant parce qu'elle savait que le contexte international ne se prêtait plus à l'occupation d'un pays par une puissance étrangère. Dès lors elle avait accepté de lâcher du lest en accordant « des indépendances partielles ». Elle était par conséquent juste partie pour mieux rester. L'occupation à distance ayant supplanté l'occupation physique. Comme le dit Jean Ziegler : « *La plupart des États d'Afrique noire, nés de la décolonisation des années 1960...n'ont jamais connu l'indépendance véritable. Lorsque les Occidentaux, souvent pour des raisons de convenance, ont renoncé à l'occupation territoriale, l'État colonial est resté intact, les maîtres ayant simplement changé de masque* [50] ».

— C'est très intéressant ! Mais je reste dubitatif.

— Comme je te l'ai déjà dit, j'ai confiance à la jeune génération, qui devient de plus en plus éveillée. Il y a une vague de protestations qui s'étend sur le continent et les revendications sont presque partout les mêmes.

---

[50] Jean Ziegler, *La haine de l'Occident*, pp. 335-336.

— On verra ce que nous réservera l'avenir.
— On verra. Ce ne sera certainement pas demain la veille. Mais cela arrivera un jour, et je le souhaite de tout mon cœur.
— Moi aussi.
Après ce moment, il y eut un silence.
— Bon, je pense qu'il est maintenant temps que je m'en aille, dit le médecin. Il ne faut surtout pas que je rate le prochain train.
L'État se leva et alla prendre son manteau et son chapeau. Sans rien dire, le médecin se leva aussi pour l'accompagner jusqu'à la porte. Ce fut alors que l'État mit sa main dans la poche gauche de son manteau et en sortit une très jolie montre Rolex en or qu'il voulut lui offrir. Surpris, le médecin retint la sienne et hésita à prendre la montre. Après ce qui semblait être un moment de réflexion rapide, il décida finalement de décliner poliment l'offre de l'État.
— Je t'en supplie, prends-la. C'est juste un cadeau. Ne pense surtout pas que c'est pour de la corruption ou quoi que ce soit d'autre. Je te l'offre de gaieté de cœur.
Le médecin resta coi. Son interlocuteur reprit la parole.
— S'il te plaît, prends-la. Cela me fera énormément plaisir.
Le médecin, tout désireux qu'il fût de prendre la montre, la refusa finalement.
— Je suis désolé, je la veux bien. Elle est d'ailleurs très belle. Mais je préfère, pour des raisons personnelles et professionnelles, ne pas la prendre. Ne le prends surtout pas mal.
— Merci, je te comprends dit l'État qui n'insista pas

outre mesure.

Sur ces mots, ils marchèrent l'un après l'autre jusqu'à la porte. L'État quitta le bureau.

Le médecin ferma la porte et resta debout devant elle en lui tournant le dos. Pensif, il resta dans cette position pendant quelques secondes. « Elle est belle cette montre, et elle doit coûter très cher. Pourtant, j'aurais pu la prendre vu que c'est lui qui me l'a proposée sans que je ne lui aie rien demandé. Non, ce que j'ai fait était la meilleure décision à prendre. En acceptant cette montre, qui doit certainement venir des biens de son pays, j'aurais indirectement participé au pillage de celui-ci et aurais même encouragé l'État à continuer sur la voie où il se trouve. Non, j'ai bien fait. » Après ce monologue intérieur, le médecin s'avança vers le porte-manteau et se mit à se changer rapidement afin de ne pas rater le train qu'il devait prendre à la Gare du Nord après avoir pris devant la clinique le bus qui devait l'y conduire.

Ce fut à ce moment-là qu'il entendit quelqu'un frapper à la porte du bureau. Surpris, le médecin, qui n'attendait personne à cette heure-là, n'avait pas encore fini de se changer. Il refila rapidement sa blouse par-dessus le T-shirt qu'il portait et alla ouvrir la porte. À son grand étonnement, il vit l'État debout devant lui.

— As-tu oublié quelque chose, lui demanda-t-il.

— Non...euh...euh

Le médecin rigola et vit une certaine gêne se dessiner sur le visage de son interlocuteur. L'État prit enfin son courage à deux mains et mentionna, non sans peine, la raison de son retour :

— En fait...Je voudrais savoir si je peux avoir la feuille sur laquelle tu prenais tes notes tout à l'heure pendant notre discussion.

— Tu veux cette feuille ? dit le médecin avec étonnement

— Oui, je la veux bien, si ça ne te dérange pas bien sûr. Ce n'est pour rien. Mais tu dois comprendre…

— Oui j'ai bien compris, dit le médecin avec le sourire.

Il fit quelques pas qui le menèrent devant la table, prit la feuille qui se trouvait toujours au même endroit où il l'avait laissée et la lui remit. L'État la plia et la mit machinalement dans sa poche.

— Merci beaucoup. C'est plus rassurant pour moi. Bonne soirée, fit-il au médecin avec le sourire

— De rien. Bonne soirée.

L'État quitta la clinique, un peu triste, mais satisfait. Une fois à bord de son véhicule, il sortit son téléphone. Ce ne fut qu'après moult tergiversations qu'il décida finalement d'appeler sa femme non sans avoir pris auparavant soin de masquer son numéro.

— Allô, bonsoir, dit prudemment la Reine de Saba qui se doutait que c'était lui qui l'appelait à cette heure-là parce que, avec le décalage horaire, il faisait un peu tard dans son pays.

— Bonsoir, ma Reine comment vas-tu ?

— Je vais très bien mon cœur et toi ?

— Je vais bien. Merci.

— Tu n'es pas encore au lit ?

— Non, j'étais en train de regarder un film.

— Je vois…

— Tu me manques énormément. Je prends les devants aujourd'hui en ajoutant « énormément ».

L'État rigola.

— Cela se voit que tu as bien appris la leçon.
— Avec un bon professeur comme toi, on ne peut ne pas bien apprendre ses leçons.

Ils rigolèrent ensemble.

— Toi aussi tu me manques énormément. Mais ça va bientôt finir puisque je rentre demain. Je viens juste de quitter l'Élysée.
— Excellente nouvelle ! Comment a été ton tête-à-tête avec le président ?
— Tout s'est très bien passé. On a parlé de beaucoup de choses importantes. D'ailleurs, le couple présidentiel te passe le bonjour. Je te ferai un compte-rendu détaillé de nos discussions à mon retour.
— J'ai vraiment hâte de te revoir. Je me sens seule ces jours-ci.
— Demain, ce sera fini.
— Tu viendras à quelle heure ?
— Je n'ai pas encore acheté de billet. Mais je compte le faire demain matin pour rentrer le soir.
— J'espère que tu n'as pas oublié de m'acheter la robe Dior, les bijoux et colliers en diamant dont je t'avais parlé.
— Oublier, jamais ! J'ai déjà tout acheté.
— Waouh, excellent, mon cœur ! Je me demandais comment j'allais faire lors des fêtes de fin d'année si tu oubliais de les acheter. Car je n'ai nulle envie d'apparaître à la télévision avec les mêmes bijoux, colliers et bracelets que j'avais portés lors de la fête de l'indépendance il y a deux mois et demi. Avant que je ne l'oublie, j'ai reçu le coup de fil des garçons. Ils m'ont dit avoir essayé de te joindre à tous tes numéros en vain. Je ne leur ai pas parlé de ton voyage. Ils m'ont tout de même chargée de

t'informer qu'ils attendent que tu leur envoies de l'argent pour qu'ils s'achètent des billets en première classe et qu'il ne faut surtout pas oublier de leur préparer deux nouvelles belles voitures pour leurs vacances. Celles que tu leur avais données l'année passée ne sont plus à la mode. Ils doivent venir dans 5 jours pour célébrer la fête de fin d'année en famille.

Jusque-là souriant, le visage de l'État devint aussitôt pâle. Il dodelina de la tête, murmura quelques mots avant de répondre.

— On verra tout cela à mon retour. Il faut qu'on parle de certaines choses, car il va y avoir nombre de changements que je compte apporter dans notre manière de faire et surtout de dépenser.

— Quels changements ? Il faut faire plaisir à tes garçons. D'autant que vous ne vous êtes pas vus depuis 3 mois. Qu'est-ce que t'a encore dit ou imposé ton patron, le président français pour que tu me parles de changements dans notre manière de faire ? Tu sors presque toujours abattu de vos rencontres. Il faut quand même oser lui dire non. Il n'est pas le Bon Dieu.

Ces mots sonnèrent le glas de la communication.

— On en parlera quand je serai de retour.

— J'ai hâte de t'entendre pour savoir sur quoi vont porter les changements.

— Je dois te laisser. Je t'appelle de mon véhicule et je dois retourner à l'hôtel rapidement pour préparer mes affaires.

— On n'a pas beaucoup échangé et tu veux interrompre la communication.

— J'en suis désolé, mais je dois retourner à l'hôtel très rapidement pour me préparer. Ne dis à personne que

j'arrive demain. Je vais voyager discrètement comme je l'avais fait lors de mon départ.
— Je ne dirai rien à personne.
— Merci. Je t'embrasse fort. Je te laisse.
— Moi aussi. À demain. Mais sache que je ne suis pas contente de la manière dont tu as mis fin à notre discussion aujourd'hui.
— Je suis désolé. Mais je dois repartir à l'hôtel. On en parlera à mon retour.
— À demain alors.
— À demain.

Sur ces mots, l'État raccrocha le téléphone. Il pensa longuement à beaucoup de choses avant de se dire : « La réponse que m'a donnée ma Reine quand je lui ai parlé de changements n'augure rien de bon. Mais il est temps de gouverner autrement sinon nous allons tous couler. *En politique l'ennemi c'est d'abord la famille* ». L'auteur de cette phrase a tout à fait raison. Si je ne peux pas apporter des changements au sein de ma famille et dans mon palais, c'est sûr que je ne pourrai rien faire dans le pays. Surtout que certaines habitudes sont si ancrées dans les esprits qu'il nous sera difficile de nous en défaire. Mais il faudra impérativement qu'on fasse des sacrifices pour éviter une chute qui peut être mortelle. La première réforme par laquelle je devrais commencer est d'arrêter de me mentir et de mentir aux autres. Ce sera difficile d'inventer une histoire pour résumer mes tête-à-tête avec le président français. Mais si j'y réfléchis dans l'avion, je devrais y parvenir. Je suis sorti indemne de situations beaucoup plus compliquées. Mais il faut après cela que j'arrête de mentir. Je pense même qu'il serait plus sage d'expliquer la raison de cette visite à ma femme. J'ai assez longtemps dissimulé mon malaise. Elle pourra me proposer des solutions. Elle m'a toujours soutenu pendant les moments difficiles dans le passé. Elle me donne souvent de précieux conseils.

Après ce monologue, l'État démarra aussitôt son véhicule en trombe et prit la direction de l'hôtel.

Disponible sur www.editions-afrikana.com.
Disponible sur www.amazon.com et sur de nombreux autres points de vente.

Montréal - Août 2018.

www.ingramcontent.com/pod-product-compliance
Lightning Source LLC
Chambersburg PA
CBHW020657220526
45464CB00001B/473